中国现代黑陶文化生态发展研究
——以绥棱黑陶为样本

王凯宏　著

科 学 出 版 社

北　京

内 容 简 介

本书通过对中国古代黑陶历史的考古学分析和研究，以黑龙江绥棱黑陶为样本，从黑陶非物质文化的角度对黑陶的发展和形式美进行研究，将对传统黑陶的工艺技术和审美价值的研究转移到对新的视角和领域——黑陶生态位的研究，对黑陶文化的发展与变迁有更宏观的具体认识。通过市场调研和载体分析研究找出绥棱黑陶文化产业生态位失衡的原因，提出解决绥棱黑陶文化生态位失衡的对策。

本书可供陶瓷相关专业的高等院校师生、相关科研人员、陶瓷创作研究者等读者使用和参考。

图书在版编目（CIP）数据

中国现代黑陶文化生态发展研究：以绥棱黑陶为样本 / 王凯宏著. —北京：科学出版社，2021.4

ISBN 978-7-03-063885-4

Ⅰ.①中… Ⅱ.①王… Ⅲ.①龙山文化－研究－绥棱县 Ⅳ.①K871.134

中国版本图书馆 CIP 数据核字（2019）第 288889 号

责任编辑：辛 桐 / 责任校对：王万红

责任印制：吕春珉 / 封面设计：东方人华平面设计部

科学出版社 出版

北京东黄城根北街 16 号

邮政编码：100717

http: //www.sciencep.com

北京中科印刷有限公司 印刷

科学出版社发行 各地新华书店经销

*

2021 年 4 月第 一 版 开本：B5（720 × 1000）

2021 年 4 月第一次印刷 印张：10

字数：196 000

定价：78.00 元

（如有印装质量问题，我社负责调换〈中科〉）

销售部电话 010-62136230 编辑部电话 010-62135120

前　　言

在远古时代，远古人对宇宙万象与人类之间的感应这一联系的认知十分地敏感与广泛，他们比我们能更充分地感受到水、土、风、火与生命的直接联系，由此构成了原始的自然崇拜体系。古代中国人尚黑的原始观念，在大量的史前黑陶艺术中得到了验证，正是这种纯粹的图腾信仰表达在普通日常器物中所透露出的简单和质朴对迫切需要心灵归宿的现代人有着很强的吸引力。

陶的应用范围极为广泛，它不仅见证了远古时代社会经济发展的巨大更迭，更在千百年的演变中完成了艺术的纯化；它不仅是添砖加瓦的必备材料，更是制造宇宙航天器的重要材料；它不仅可以制造衣服上的小小纽扣，而且可以作为代替病变的人体组织的陶瓷生物材料。可以说，陶无论是在古代还是在现代，都对人类社会生活的方方面面产生了巨大而持久的影响，这个影响已经超越了迄今为止学科上的审美观，而显示出一种“跨界”的思维模式。以黑陶为载体在人们具体的生活实践中呈现的数以千计的创意和发明，向有能力发现它们的人们证明了“黑陶精神”。

多年以来，经过考古专家和学者们孜孜不倦的探索与努力，人们已经掌握了大量的黑陶艺术史料，为将来的进一步研究打下了良好的理论与实践基础。但是长久以来，黑陶史的研究大量集中在黑陶的工艺技术和审美价值上，而忽略了黑陶在其本身象征体系的建构中所承担的多重角色。制陶的过程就是制陶者与物质材料亲密对话的过程，与火、风、潮汐等永不停止的自然界的运动变化融合，使我们与世界有了某种联系。丰富多彩的黑陶器物是早期精神和自然万物同一性的充分体现。我们可以从世界各地的早期黑陶器的造型中，看到人类智慧与自然形态完美结合的“尚黑”情结。黑陶与人的对话和磨合，可以说是中国文化与艺术的最早体现和见证。

宋应星所著的《天工开物·陶埏》对陶器工艺有一段概括：“水火既济而土合”。陶器是人类早期文明的象征，它伴随着华夏民族的成长历程，不论是在农业生产还是在精神文化方面都起到推动整个早期社会快速发展的作用，是人类革命性的产物。陶的出现对于人类文明的进步具有划时代的意义。美国著名人类学家罗伯特在《文明与野蛮》一书中曾经写过这样一句话：“要单拿一种活动来判断一个民族的文化发达程度，陶器要算最合适的。”

黑陶作为工艺美术中的重要艺术门类，有着丰厚的文化积淀。黑陶的形成基础及历史可以追溯到人类生产、生活的最原始阶段。陶器最初并不是作为工艺美术品而出现的。上古时代，先民们开始制作的陶器，主要是作为日常生活中的功能性器具，为生活提供方便，同时也满足人们的审美需要。原始社会的陶器在人们的生活中具有更为重要的意义，远远超过其在现代人生活中的作用。陶器是原始社会人们重要的生活用品，它不仅可以作为划分考古学文化的标志，也是人类早期的工艺美术作品之一（吴冰，2009）。

在黑陶的装饰上，全国各地的方法是不同的。四川甘孜藏族自治州地区的黑陶纹饰是用贝壳或者卵石做工具，在半干的陶坯体表面进行研光的方法形成的；云南中甸的黑陶酥油壶是把破碎的瓷器按照纹饰样式打成形状规则的瓷片后，再把这些瓷片镶嵌到坯体上，通过瓷片的黑白对比，从而达到装饰的效果；山东德州生产的黑陶采用硬刻的方法诠释纹饰设计思想，景泰蓝的掐丝工艺也被恰当地运用到黑陶的表面，丰富了纹饰的方法和工艺精神；绥棱的现代黑陶的装饰则是采用刻花和镂雕来完成的。

杨永善教授在他的著作《说陶论艺》中写到，绥棱黑陶的风格特点不同于龙山文化，绥棱陶器烧制最初是红陶，后期利用柴草等经过烟的熏制，进行碳素渗透，才演化成黑陶的。“不同于”“烟的熏制”“进行碳素渗透”等语词已经足以证明绥棱黑陶与“龙山文化”没有任何联系。绥棱黑陶制作技艺与龙山文化毫无关系，没有受到龙山文化的影响，也不是龙山文化的“嫡亲后裔”，也与黑龙江境内其他地方的黑陶没有任何“血缘关系”，它是完全土生土长的，是绥棱艺术沃野上的纯粹的“土著居民”。

笔者先后到过中国很多生产黑陶的地区，发现当地虽然都有透雕工艺，但其透雕的水平，能超过绥棱的寥寥无几。中国现代黑陶制作工艺主宰了中国大部分地区的黑陶生产技艺，极大地影响了这些地方黑陶技艺的使用和形成，成为中国现代黑陶制作技艺的“奠基石”。绥棱，无疑是中国现代黑陶的发祥地，我国现代黑陶制作工艺从萌芽、成熟到发展都是在这块土地上，它完成了“破茧成蝶”的蜕变，并最终影响到我国现代黑陶的制作工艺和发展。

本书从原始黑陶的发展脉络上侧重“非遗”视野下的“中国现代黑陶文化生态发展”，从早期完全处于自然状态的非商业目的的经济行为，到具有神圣礼仪特征的特权活动，再到为了经济目的的商业行为，利用“黑陶文化”的社会角色呈现出来的文化学和生态学原理分析人的生存状况，分析人类的文化和行为与生态之间的关系。

由于笔者能力有限，书中定有疏漏和值得商榷之处，祈盼读者不吝赐教。

目　录

绪　论

一、研究背景

寻觅黑陶文化生成的母体和源头，我们必须回到物质最原初的形态，即元素的形象水、土、风、火，也即宇宙的四种能量上。黑陶的出现就是它们互相感触、互相限定、穿越内外边界的复杂结构运作。因为陶器的诞生不仅仅承载着实用价值，也承载着人类原始的自然崇拜和图腾信仰。我们在许多中国新石器时代考古文化中都可以看到黑陶的影子，其文化痕迹遍布中国各个省份。但由于各地自然和地理气候条件不同，每种地域文化所呈现出的黑陶艺术风貌也有所不同。如长江下游太湖流域的崧泽文化出土的细泥薄胎黑衣陶，线条朴素简洁、胎质细腻，而长江下游河姆渡文化出土的夹碳黑陶则展现出粗犷厚重的豪放气质，到了更晚的屈家岭文化、良渚文化、大汶口文化和龙山文化时期，黑陶文化已经进入了全面繁荣的鼎盛时期。因此，若对原始黑陶文化的起源进行较为科学理性的研究，就必须对每种类型的黑陶文化进行具体分析，提炼出它们共同拥有的历史信息，同时也应该具备更为广阔的宏观视野，将自然科学与社会科学相互交融，运用跨学科的综合研究方法来发掘黑陶艺术的文化本源。

中国是历史悠久的世界文明古国，经历过几千年的风风雨雨，其传统文脉从未断绝，给世界留下了一笔丰富宝贵的文化遗产。中国是目前世界上拥有世界非物质文化遗产数量最多的国家。鸾飘凤泊的中国书法、复杂精细的宣纸传统制作技艺、韵味醇厚的京剧、柔美高雅的昆曲……无论是总量还是艺术含量都位居世界前茅。但是，由于外来文化的猛烈冲击和历史上缺乏有力的保护等原因，我国对非物质文化遗产的抢救、保护与传承力度不够，并且政府层面的保护工作也起步较晚，造成了一些优秀的非物质文化遗产濒临灭绝，一少部分非物质文化遗产更是已经彻底消亡。海南黎族织锦技术，从手工纺线到织锦，全都会的只有两人；云南贝叶经制作也有相似问题。贝叶经傣语称“坦兰”，它是用铁笔刻写在贝多罗树叶上的有关佛教的经文。云南有很多人会说傣语，但会写、能看懂傣文的人却很少，会写贝叶经的人就更不多了。由于目前掌握贝叶经制作技术的手艺人逐渐减少，导致这种非物质文化遗产面临着彻底消亡的危险境地。

值得欣慰的是，目前我国政府对非物质文化遗产的保护与传承非常重视，经过多年的官方行动已经取得了一定的成效，从最初通过文化宣传活动唤起民众的保护意识到非物质文化遗产全国普查和各级名录的建立，我国非物质文化遗产保护工作不断推进深入。但是，大多数的保护工作是对非物质文化遗产的本体进行保护，属于“生产性保护”，动态保护传承人，静态保护技艺等，缺少对非物质文化遗产进行文化生态化保护的意识，尤其是在中国现代黑陶上，结合文化生态性保护的研究成果还是空白。

因此，本研究符合《中华人民共和国非物质文化遗产法》第四条明确提出的三个“有利于”的要求：保护非物质文化遗产有利于增强中华民族的文化认同，有利于维护国家统一和民族团结，有利于促进社会和谐和可持续发展。落实三个“有利于”的标准，结合本书的研究方向，归根结底就是体现社会主义的核心价值观，促进中国现代黑陶文化生态性的发展，并对其他非物质文化的文化生态性发展提供样本参考。

二、研究现状

（一）黑陶文化生态国内研究现状述评

在理论研究方面，近几年关于创意中国现代黑陶、彩陶的研究逐渐增多，涉及保护、创新的开发管理、规划设计、案例研究等方面的内容。总体上看，国内学术界则从不同方面、不同角度对黑陶工艺的传承与发展以及非物质文化遗产的保护进行了广泛而有益的研究。

据记载，中国现代历史学家郭沫若曾对绥棱黑陶给予很高的评价。1965 年，当时的绥棱黑陶传承人刘家弟曾将双层镂空的笔洗作为礼物赠送给郭沫若，郭沫若看后说：“这种现代黑陶以前没见过，乡土味很浓，很古朴，拙而不俗，有点像古陶，这是民间的东西，要很好扶植。”郭老着眼于笔洗的“古朴、拙而不俗”的艺术风格，而并非它的实用价值，这是社会变迁的真实写照，陶器的价值在现代社会从实用性转向审美性，开启了新时代下陶器艺术“由器而艺”的演变过程。

清华大学杨永善教授认为，造物的过程就是设计的过程。没有设计，“物”就失掉了它应有的价值。他认为功能的合理是构成美的主要因素，比如做鞋子光好看是没用的，还要能穿。设计定位要准确，尤其是功能定位不能乱。

中央工艺美术学院远宏教授在《中华文脉：中国陶瓷艺术·黑陶》一文中

提出，就黑陶的演进来看，黑陶较之其他陶器更晚出现是合乎逻辑的，黑陶的显要特征是黑色不限于器表，而是胎质致密，内外透黑。现代陶器早已脱离了远古时期所承载的实用性特征，更多的是为了点缀和装扮现代家居环境，其艺术价值凝结在现代审美文化中。

中国黑陶研究所所长、山东省黑陶艺术家刘浩几年前就曾举办“黑陶文化讲堂”。该讲堂集讲课与交流于一体，为黑陶文化的传承与发展、普及群众文化、扩大黑陶文化产业大军选拔精英做了新的尝试。

事实表明，黑陶基本理论的研究成果要想得到充分的普及和推广，必须走实践道路。只有将其切实地普及和推广开，才能使其发挥出理论指导艺术实践的作用。就黑陶文化产业发展来说，普及黑陶理论和研究成果，是黑陶产业实现健康发展、可持续发展的重要保证。刘春在《民族民间手工艺传承衰微与勃兴——基于汤堆村藏族黑陶手工艺的田野调查》一文中基于汤堆村藏族黑陶手工艺的田野调查提出：特定地区、特定文化环境中的特定手工艺凭借其长期积淀的内蕴力量，如果适时抓住社会发展的机遇，使传统的民族民间手工艺与时代精神、社会文化需求形成契合，为民族民间手工艺传承的熔铸良好条件，就能顺利推动民族民间手工艺的广泛传承和复兴，使其延续传承态势发生逆转，呈现民族民间手工艺传承复苏和规模化传承的格局。

中国当代美术家、图书装帧设计师王绘在评价侯力平的紫陶作品《福满乾坤梅花瓶》时是这样说的：“目前，这样的古铜色镂空作品在全国也不多见。江苏宜兴紫砂、四川荣昌陶、云南建水紫陶、广西钦州坭兴陶这‘四大名陶’虽然多为紫色，但这些陶都是以浮雕为主的高温陶。侯力平的紫陶作品为低温陶，主要以镂空为主，因为经过多次烧制，使陶器产生窑变从而形成了色泽纯正的古铜色。《福满乾坤梅花瓶》作品主体图案采用了蝙蝠纹，构图巧妙，通透玲珑，流畅的线条，准确的刀法，以浮雕手法雕刻上下花边，与主体镂空部分形成鲜明的对比，是不可多得的艺术珍品。”与“四大名陶”相比，绥棱紫陶有着自己的艺术特色。王绘的评价可以归结为三点：一是绥棱在黑陶、红陶陶系品种上，又有了新品种——紫陶；二是绥棱的紫陶与中国“四大名陶”的不同之处，在于它采用了镂空低温烧制工艺，而“四大名陶”则是浮雕和高温烧制，因此，各有千秋，不可替代；三是绥棱紫陶作品《福满乾坤梅花瓶》是一件不可多得的艺术珍品。

（二）国外黑陶文化生态研究现状述评及相关文献综述

西方学者普遍地认为，现代陶艺（在美国称之为“当代陶艺”）形式的表达，是以彼得·沃克自 1954 年起受聘于洛杉矶县立美术学院（后改名为“奥蒂斯美术学院”）为开端，以“奥蒂斯革命”为标志。当时的美国艺术界，抽象表现主义大行其道，彼得·沃克也不免受到这种艺术思潮的影响，他逐渐抛弃了传统的制陶艺术语言，转而以一种全新的创作方式和作品风格融合了滨田庄司和李基的哲学主张和审美及行为派画家的一些表现方式和技巧。受他的影响，和他一起创作的陶艺家还有约翰·梅森、凯·布瑞斯、安纳森等人，在这些陶艺家们孜孜不倦的艺术实践下，美国现代陶艺逐渐开始受到全世界的敬仰和关注。

同时期的日本陶艺，也在如火如荼地探索着本土的艺术风貌。20世纪50年代，以八木一夫为代表的日本陶艺家所创作的一系列现代陶艺作品在艺术界引起了强烈轰动。他们创作的作品具有明显的纯化风格，呈现出强烈的外在张力。在他们的实践中，陶瓷的功能与实用性价值被彻底摧毁，取而代之的则是追求形式美学、具有后现代实验性风貌的前卫陶艺。

其他的知名陶艺家如英国的瑞·露西等，也都在自己的创作过程中达到了个人艺术风格的确立和成熟。他们的作品既没有日本陶艺强烈的先锋性和实验性，也没有美国陶艺浓烈的视觉冲击力和表现力，但蕴含在他们作品中所传达出的细腻丰富的情感和深刻的内涵同样充满魅力。

以上这些现代陶艺家们富有才智和情感的创造使得陶艺的艺术形态发生了质变，完成了从传统到现代的美学转换和语言进化。

第二次世界大战之后，欧洲的艺术中心巴黎百废待兴，随着欧洲大量的雕塑家、陶艺家、画家迁移到美国，世界艺术中心逐渐从巴黎转向纽约，在这个过程中，陶艺风格不断扩展，伴随着多元文化的交融，其影响也越来越深远，地域性差异也渐渐淡化了。

20世纪60～90年代陶艺理论的演化过程为：60年代受当时的超现实主义和波普的影响，继抽象表现主义之后，怪怖艺术风格日益引起人们的关注，其代表人物是安纳森；到了70年代，超级写实主义在美国大行其道，新浪漫抒情风格和装置风格的尝试开始走上艺术的舞台；80年代后，具有主导地位的风格和艺术流派不再突出，取而代之的是多元的艺术尝试和自由的观念。后现代主义和复古怀旧思潮似乎成了一种不算潮流的潮流。

可以说20世纪80年代后，现代陶艺才开始步入它的繁荣发展阶段。当今所流行的陶艺风格和形式特征都可以追溯到80年代的陶艺实践轨迹。在后现代艺术大力倡导的公共性价值的引导下，陶艺作品也逐渐从个人室内走入公共空间，进入社会大众的视野中，向人们极大地普及了陶艺观念。现代传媒业的发达将最新的陶艺信息传递到全世界，掀起了一场世界性的陶艺热潮。这股热潮直接延续到20世纪90年代和21世纪，综合性风格目前成了世界陶艺美学的主流，它使得艺术家在创作过程中保持了最大限度的自由，保留了艺术家的个人审美情趣，激发他们创作出具有深刻时代美学价值的艺术作品，促使他们更加关注人的本性和内在心理。

三、研究意义

纵观世界现代陶艺史，总体来看，日本和美国两国各自代表了东西方现代陶艺的最高艺术水平，极大地推动了世界陶艺的发展。其他国家诸如英国、加拿大、西班牙、意大利、法国、德国及东欧各国在对世界现代陶艺发展中所起的作用也都是极重要和不容忽视的。素以激情表现和风格多变著称的美国现代陶艺，始终是世界现当代陶艺的领头羊，引领了一个时代的工艺风格；以秉持艺术创新力为宗旨的日本陶艺，充分融汇了东西方不同的审美风格体系；具有复古怀旧美感的英国陶艺，也是英国国民性格的集中体现；加拿大深受美国陶艺影响的奔放风格，为陶艺在北美的迅速普及做出了贡献；新西兰和澳大利亚的多元与抒情，意大利灿烂光辉的古典主义传统使得陶艺也具有一股浓郁的历史气息；西班牙激情豪放的陶艺风格是其国民性格的艺术体现；浪漫柔情的法国陶艺充满着丰富的内涵与想象；严谨内敛、朴素简洁是德国陶艺的核心艺术风貌；荷兰更多地强调设计语言的多元和丰富；东欧的陶艺形式活泼，简洁大气，高雅凝重，而相比之下的南亚、南美、非洲等地区和国家的现代陶艺的发展则比较滞后。

和上述一些国家相比，尽管古代中国创造了辉煌灿烂的陶瓷艺术，但现当代中国陶瓷整体发展速度变得缓慢，制作水平不高；陶艺教学缺乏师资人才，设有陶瓷专业的艺术高校并不多，而且大部分高校间都是以横向交流为主，对外交流学习的程度不够，与国际先进水平存在着较大的差距；生产企业处于各自为战的状态，互相保密自己的核心生产技术，艺术风格较为雷同，彼此间存在着严重的抄袭现象；陶艺企业始终将关注重点放在如何迅速提高产量和赚取利润上，并没有注意地理、社会、人文等因素对陶瓷文化的积极影响，使得生产出来的陶器工艺品存在相当程度的模式化痕迹，严重地制约了中国陶艺技艺和产业的健康快速发展。虽然在陶瓷的研究上，景德镇陶瓷学院和当地陶瓷研究所有了很多成熟丰富的成果，但他们将重点放在陶瓷生产技术的更新上，重点成果也体现在瓷的釉和烧制等工艺上，淡化了陶的艺术本体研究；在对陶的研究上，山东德州、日照、章丘，河北馆陶，河南淇县，青海囊谦，云南尼西，陕西秦源，浙江遂昌，黑龙江大庆、绥棱、勃利等地都有一些黑陶研究所和黑陶生产企业，但这些地区均属于社会传承技艺的方式，片面追求产业发展，忽视黑陶文化生态化的保护和发展。

综观国内一些高校，虽然开设了陶瓷专业，但大都停留在教学技术的层面上，主要以制作工艺的传承为主，以个别工艺的创新为辅。教师的业务水平也参差不齐，导致整体教学水平较为低下。从对黑陶艺术的传承与保护角度来看，无论是官方还是民间都仅仅从主体保护出发，着重对黑陶制作技艺的保护、传承和创新，没有从自然生态、政治生态、经济生态和社会生态对黑陶文化的生存、发展、变迁等文化生态上进行探索和研究。尽管上述研究成果颇丰，学术价值较高，但目前，在非物质文化遗产视野下探讨国内外现代黑陶生态化发展的研究成果还是学术上的空白，必须尽快弥补这方面的不足。

四、研究思路与研究方法

在文献与理论研究成果的基础上，结合文化生态的理论，通过对文化生态系统的分析，描述出中国自然生态环境与黑陶文化生态格局，沿着中国黑陶、彩陶的发展轨迹，从生态学角度审视绥棱黑陶的技艺和发展。静态上总结归纳绥棱黑陶的制作技艺，寻找出绥棱黑陶本体保护的最佳方法；动态上分析绥棱黑陶的发展与自然环境、经济环境和社会制度等方面的关系，分析出非物质文化遗产绥棱黑陶的生态位失衡现象及对策，最后提出对黑陶产业生态化发展的思考和建议，以达到保护和发展好非物质文化遗产绥棱黑陶制作技艺的目的，并为我国现代黑陶的生态化发展提供理论研究样本。

本书的研究将通过借助文献资料，进行田野调查，结合生态人类学、民族学、民俗学、审美人类学、比较心理学以及文化地理学等学科方法，依托学术的整体观和田野调查的分析比较观，坚持把黑陶艺术的发展置于文化生态的背景中，依靠课题主体，对调研、访谈、实证的数据进行分析，探寻文化生态保护的途径和规律。具体来说，本书主要采用了以下研究方法。

1. 历史考察法和文献研究法

通过翻阅历史文献，梳理出中国自然环境和黑陶文化生态格局，个案上考察绥棱黑陶的历史沿革和生态发展变化以及绥棱黑陶文化的迁移对中国现代黑陶发展的影响，整体上把握中国现代黑陶的发展源流。

2. 田野调查法和重点人物访谈法

为掌握中国现代黑陶、彩陶的发展现状，获得更多的感性认识，课题组成员走访了黑龙江黑陶、彩陶生产企业，山东、河北、云南等地的黑陶、彩陶企业，采访各地的陶艺工艺美术大师和非物质文化遗产传承人，获得更多的各类信息资料，归类建档，多角度审视，全方位研判，为本书的研究提供较有说服力的佐证，并结合绥棱现代黑陶的生态化现状，进行理论分析和综合研究。

3. 系统分析法

借助系统论的方法，既有个案分析，也有面的综述；把中国黑陶的发展放置到大的文化生态背景中，结合地理环境、经济环境、社会制度等生态因素加以研究，力图通过相关观点，为中国现代黑陶，特别是绥棱黑陶的生态化发展提供可行性的思路和研究途径。

4. 类型学研究法

类型学是考古学理论中的一种概念，类型学理论认为人类社会中的各种“物”都在按照各自的规律发展，即每种“物”都有着符合自身的谱系，这种谱系是客观存在的，它能够反映出考古文物与其产生的特定地质年代之间的关系。黑陶的发展与延续都与人的社会经济、文化生态、生态环境、结构、关系、互动等息息相关。因此运用类型学的研究方法，我们可以在历史谱系中寻找到每一类型黑陶的确切断代、编年、谱系乃至历史传承关系。

第一章　中国黑陶文化生态系统分析

文化遗产，是指具有历史、艺术、科学等文化保存价值，从存在形态上分为“有形文化遗产”（物质文化遗产）和“无形文化遗产”（非物质文化遗产）。

有形文化遗产指的是人类历史遗留下来的物质性事物。物质文化遗产的概念来源于联合国教育科学文化组织与1972年在巴黎召开的第17届会议上确立的《保护世界文化和自然遗产公约》，该公约强调了文物的基本涵盖范围为历史文物、人类文化遗址、历史建筑（群）。

无形文化遗产也叫非物质文化遗产。根据2003年联合国教育科学文化组织第32届大会上通过的《保护非物质文化遗产公约》中的定义，非物质文化遗产是指被各群体、团体、有时为个人所视为其文化遗产的各种实践、表演、表现形式、知识体系和技能及其有关的工具、实物、工艺品和文化场所。各个群体和团体随着其所处环境、与自然界的相互关系和历史条件的变化不断使这种代代相传的非物质文化遗产得到创新，同时使他们自己具有一种认同感和历史感，从而促进文化多样性和激发人类的创造力（吕慧敏，2015）。

非物质文化遗产包括以下5个方面。

1）口头传统和表现形式。

2）表演艺术。

3）社会实践、礼仪、节庆活动。

4）有关自然界和宇宙的知识和实践。

5）传统手工艺。

文化生态学是一门研究人类文化发展空间、发展资源、发展规律、发展环境的学科。它区别于自然生态学的一个特点就是文化生态学特别强调人类社会的特殊性和复杂性，注重人类生存的多重因素，将之进行系统性的综合和归纳。文化生态学主要从人文角度研究人类文化的起源、发展及其与自然界之间的关系。文化生态学的核心之一是强调文化的地域性构建，它包含人类文明的一切。

文化生态学认为文化之间的差异主要是指不同的社会群体对不同的地域环境适应过程中的差异，不同类型的生态环境决定了人类不同的文化语境。美国著名人类学家、文化生态学和新进化论的提倡者朱利安·斯图尔德的分析模式是“环境—技术—行为方式—观念形态”，也就是说环境影响技术，技术影响行为方式，行为方式影响观念形态。

自然生态系统是一种较为稳定并能够依靠自身生物圈循环维持运转的生态系统，比如海洋、草地等。这一概念在1935年由英国生态学家坦斯利首次提出，从此自然生态系统理论进入人类的认知世界，并逐渐成熟。由于文化是一种按照相应原则和规律组织的系统，因此它在很多方面与自然生态系统具有相似性，它们都具有一定的自组织性和生态性，因此许多学者也将文化生态系统纳入生态学的研究范畴中。文化生态系统众多的因子中与自然环境承接关系最近、最直接的是科学技术，稍远的是经济体制和社会组织，最远的是人们的价值观念。

同理，在文化生态系统内部也存在着明显的差异，不同类型的生态环境形成了多元化的文化群落和文化圈，共同构成了人类整体的文化生态圈。例如，在中国，传统武术根据地域的不同分为南、北两派，两派之中又细化出更多类型的流派，“拳种”“套路”“门派”，如河南焦作温县陈家沟的陈氏太极拳、贵州安顺大西桥镇鲍屯之鲍家拳、广东佛山咏春拳等，这些内容和形式大都根植于中国传统的乡土社会，以“村落”为依托，世代相传，发展壮大，从而形成了一批批独具特色的功夫文化群落。从民俗上看，锡伯族的清明节与汉族的清明节完全不同，藏历新年与汉族的春节也不一样。从信仰上看，仅以青海省为例，就分布着藏传佛教、伊斯兰教和汉族道教三个文化圈。从传统产业上看，又分为以农耕为主的文化圈、以渔猎为主的文化圈、以牧业为主的文化圈，等等。因此用文化生态学的理论来指导非物质文化遗产的抢救、保护和发展具有极为重要的意义。

文化生态具有不可再生性。不可再生性是指一旦被外力所摧毁便不可复原，这些历史上的文明结晶一旦被破坏，会产生不可逆转的严重后果，是人类文化发展史上的巨大损失，因此在文化生态建设上绝不能搞“先拆毁、后重建”。

文化生态具有历史性和时间性。文化生态是一种人类社会的独特产物，是文化经过长时间的积累和演化形成的产物，它是伴随着经济社会发展的历史进程形成的新的文化形态。文化是社会学与其他人文科学研究的基本问题之一。文化具有民族性，这是因为文化作为人类特有的社会现象，其诞生之初必然会含有更高级的社会和精神因素，而人类民族的社会意识形态又是多元化发展的，这就势必导致文化的多元性和民族性。因此，文化除了受到自然环境、经济环境的影响之外，还受社会环境的影响，这便形成了自然—经济—社会三位一体的复合社会结构。

文化生态发展具有连续性和历史继承性。一种文化生态一旦得以确立和发展，就会保持长期的稳定性和传承性。以黑陶为例，黑陶文化生态是指与黑陶文化相关的物质和精神载体的统一体。黑陶的纹样、器形、文化语言等历史符号在一定程度上保留着几千年前的特征，同时吸收各种文化丰富自我和形成自我，相互融合，形成新的文化特色、文化气质并得到传承，体现出文化生态位发展的连续性和历史继承性。

文化生态学是以地域环境与特色文化的相互关系为突破口，来研究文化的产生、发展和变异的。任何一种人类文化形态总会和它所存在的环境进行着物质的、信息的、能量的交换和相互的影响，这种影响所消耗的时间往往是漫长而久远的，一旦形成，便会具有相对持久的永恒性。

文化生态学研究的主要目标就是探讨人类文化不断演化和进化的规律。从文化建设和保护的角度讲，文化生态学会提供一个较为宏观和清晰的理论支撑，人们站在文化生态位的角度研究文化生态平衡，能够寻求弥补文化生态位缺失的举措，保障文化的多元性，确保实现文化的可持续发展，保护人类优秀的文化成果不至于绝迹与丢失。

任何文化艺术的产生都不可能是突发事件，而是漫长的历史发展及思想文化与社会进步的结果。黑陶文化体现了各历史时期社会文化的生态环境，能够反映特定历史时期自然的、社会的、政治的、文化的等各方面的真实情况。文化生态学力图提炼多种文化系统的共同特征，相比其他相近领域的研究，文化生态学掺杂了太多理性的自然因素，这就说明它并非是一门纯粹的人文学研究，因此我们可以将量化分析等科学方法引入对文化生态学的研究中，这就区别于传统的定性研究，更具科学性和理论性，它对进一步正确认识黑陶文化的生态学意义具有较强的促进作用。现代文化生态学为我们认识黑陶、研究黑陶这种传统手工艺提供了全新的研究视角和整体、系统、科学的研究方法，它有助于突破黑陶研究的学术层面，为我们在更广阔的层面展开对黑陶文化的内涵及发展空间的分析提供理论支撑。从整体观和共生观上看，黑陶如同其他陶器一样，都是一定历史时期社会生活面貌的反映，它是包含了民俗、审美、艺术、历史等多重因子的综合体。

每类艺术品在产生的过程中向来不是孤立的，它与其周边的自然环境、社会族群都有着密切的联系。因此，远古时期的黑陶是研究当时人类社会的生活方式、经济发展水平、民族信仰等的重要载体，能够较为清晰地还原当时的人类历史信息。陶器的发展也经历了一个总体的螺旋式发展的过程，到了现代社会，陶器更多地成为独具特色的民间文化艺术品。民间艺术的发展离不开孕育它的文化土壤，而我们目前对民间艺术往往关注它的实体艺术品本身，缺少对更深刻的文化精神的探讨，这在某种程度上就偏离了民间文化正常发展的轨道（范大平，2015）。因此作为一门悠久的人类艺术，陶艺的历史发展脉络始终脱离不开具体的时代背景和人文特征，它们之间彼此相互影响、相互制约又相互促进，自然生态环境、人文背景等是陶艺赖以生存和发展的重要基础。以文化生态学为理论支撑，能够突破传统黑陶文化研究的固有范式，构建更加富有学术价值的理论结构（骆文亮，2012）。

中国传统的黑陶工艺以其鲜明的艺术特点和工艺特点，伴随着每一历史时期及每个地区的风格特点演进而变迁，并且都有着新的形式和特定的文化内涵。使用功能是制陶技术发明最基本的目的，其功能随着整个社会生态环境的变迁发生变化，艺术造型和装饰带来的精神审美逐渐起到主导作用。中国传统黑陶渗透着传统民间艺术的痕迹，其内涵与精神所表现的民族性特色正是中国黑陶文化的独特基因。文化同质化与文化生态学的多样平衡观为我们确立了黑陶文化生态位。

黑陶作为人类集体智慧的结晶，对黑陶的创作、欣赏、使用属于人类的独有行为。黑陶的艺术发展不是仅由杰出艺术家或者个人兴趣所决定的，而主要是受到文化生态环境和人文因素的影响，同时它也由人类生产力的客观发展规律所决定，受到各种复杂的自然、社会因素的影响，不以个人的主观意志为转移。这些因素包括自然、地理、气候环境，也包括生产力发展水平、经济运行秩序、政治法律状况、社会心理趋向、文化风俗习惯等社会环境。所以，文化生态学的基本思想理论和方法是研究黑陶文化研究的内在依据。因此，若想全面、科学、系统地分析黑陶文化，必须注意到黑陶与自然环境和社会文化大系统的关系，还要分析黑陶自体系统与社会的适应性。同时我们也要注意研究黑陶文化的历史时空走向，从横纵两个维度把握和研究黑陶艺术的形态演变和历史传承。

文化生态系统既然被称为一个系统，那么它必然有自己的固有结构，系统内部各结构之间必然要有联系和相互的作用。一般来说，文化生态系统的构成主要有两大方面：自然生态系统和人工生态系统。具体分为五个层次：自然环境、科学技术、经济体制、社会组织和价值观。这五个层次对文化产生的影响不是并列的，也不是均匀的，而是由外及内逐层递进的。越靠近中心位置，对文化的影响力就越大。反之，则越小。

第一节　自然环境对黑陶文化的影响

大约在一万年前，我们的祖先就已经从原始的大森林中走出来，开始了农耕畜牧的生活方式，人类也从此逐渐建立起自己的生命圈。但是相对于整个地球的生物圈来说，人类的生命圈不过是一小部分。任何一种文化，都是在一定的文化空间内存在的，都离不开它所处的自然环境。可以说，自然地理环境是文化、文化区形成的最基本的条件。

如果说“一方水土养育了一方人”，那么，“一方水土也孕育了一方的文化”。

不同的地形地貌，不同的森林水系，不同的气候类型，会构成不同的自然生态环境，会对当地的生产方式、风俗习惯等产生直接的影响，基于此人类也会创造出不同层次丰富多彩的文化类型。

我国是一个民间文化资源非常丰富的国家，目前文化和旅游部公布的2018—2020年度“中国民间文化艺术之乡”就有175个县（市、区、街道）。同样是民间绘画，我们如果从地理环境的角度去看作品，就会发现，不同地域的作者在作品主调色彩的选择上也完全不同。上海金山区处于东海之滨，作为中国现代民间绘画画乡，蓝色是他们作品的主色。西安市的鄠邑区和延安市的安塞区同在陕西省境内，但农民作画在色彩上与前者截然不同。由于西安市的鄠邑区在陕西南部，秦岭脚下，秦岭青翠的草、碧绿的森林，深深感染着当地农民画作家，所以绿色是其农民画中主打的颜色；而延安市的安塞区位于塞北黄土高原的腹地，所以作品中黄色成为主角。黑龙江绥棱农民画，由于地处寒地黑土核心区域，四季分明，夏天鲜花绽放，秋天稻谷金黄，冬天大雪洁白千里冰封，所以黑色、红色、黄色和白色是主要的色彩。由此看来，各地现代民间绘画在主色彩选择上之所以出现不同，完全是作品所处自然环境直接影响的结果。

河北省安新庄遗址位于迁安市城东北6公里安新庄和新寨两村之间。1978年，从这里出土了大量的手制筒形罐、钵、碗、杯等陶器。陶器表面上精心刻画出“之”字纹、指甲纹、连环纹、旋涡纹、锥点及附和锥纹等工整多变、熟练匀称的纹饰。陶质有泥质灰陶、夹砂红陶、夹砂灰陶及素面磨光陶等，也有少量的彩陶片。安新庄遗址是冀东一带唯一一处彩陶、黑陶与细石器共存的重要文化遗址，它发掘出了中原仰韶文化和北方红山文化中都没有的刻绘兼用的彩陶。

尼西是云南省香格里拉市的一个藏族村，位于青藏高原的腹地，当地泥土含大量的铁元素，因而土呈红色。这里有着悠久的制陶历史，尼西黑陶制作技艺被评为国家级非物质文化遗产。这里的陶在烧制过程中不用窑，而是把红土制成的器皿堆在地上，上面铺上稻草，用火点燃。这种独特的烧陶工艺与当地的地理与自然环境息息相关。由于当地海拔2960米，空气稀薄，气压低，而窑内空气单薄，燃烧物根本无法充分燃烧，烧制温度达不到，烧制出的低温陶易碎，不耐用。

山东德州位于黄河下游，泥土含沙量大，矿物质多，硬度高，因而在制陶时，大面积采用硬刻的方法，不能大面积地透雕，同时烧制温度也较高。

黑龙江绥棱黑陶位于小兴安岭南端西麓，当地黄黏土柔软细腻，可塑性强，易于抛光，在刻画时不易开裂、不易变形、不易破损，有利于雕塑，因而形成了绥棱黑陶全新的黑陶制作工艺，即透雕与雕塑手法的融合。其中透雕工艺是绥棱的原创，至今，其他地方的透雕工艺也无法与绥棱的相媲美。

大庆油陶是结合传统的黑陶制作技艺，选取大庆地区所特有的黄黏土和水，经过除碱后，适当加入了石油钻探采集出来的化工原料及地下的岩芯烧制而成的。它的艺术特点的形成仍然是当地地理环境作用的结果。

总之，地球是个大的生物圈，自然的地理地貌和气候直接影响着人们的经济生活方式，影响着地域内人们的生活生产、社会风气、文化艺术和价值认知的形成。自然生态也直接影响着文化的形态和类型。

第二节　生产方式对黑陶文化的影响

生产方式是指社会生活所必需的物质资料的谋得方式，在生产过程中形成的人与自然界之间和人与人之间的相互关系的体系。人们一般把物质资料生产的物质内容称作是生产力，把其社会形式称作是生产关系，这两者都是生产方式的建设性内容——物质生产方式（物质谋得方式）和社会生产方式（社会经济活动方式）。换言之，生产方式是两者在物质资料生产过程中的能动统一。

马克思主义经济学认为，生产方式是经济社会发展中的决定性和核心力量，它总体上制约着人类的经济活动、社会文化生活以及上层建筑的发展。从文化生态学角度来说，生产方式对文化的影响力是无可置疑的。

自然地理环境决定着一个地域的经济生产方式的形成，而区域的生产方式又决定着区域内存在着民俗事项内容。同时，生产经济方式又是民俗文化的重要组成部分。不同的自然条件形成了不同的生产方式，生产方式直接影响着经济的发展。二者作为文化生态圈的组成部分，共同影响着文化的发展，甚至创造出某种文化。茫茫的草原，游牧的生产方式滋养了敖包文化；滔滔的江河水边，赫哲族人捕鱼为生培育出鱼皮制作工艺；莽莽的大兴安岭，伐木造林中诞生了森林号子。这些地域文化都受到经济和生产方式的影响。

20 世纪中叶，中国考古学家在华南的洞穴遗址和贝丘遗址中层发掘出少量的陶器和磨制石器，证明至少在 9000 年前，原始农业已有萌芽，甚至在个别地点先民已学会了饲养猪。大约在公元前 9000～前 7000 年，已有较发达的旱地农业，以华北的磁山文化为代表，当时粟、黍种植技术和养猪技术都已经成熟，并有较发达的磨制石器和陶器。由于受当时的生产力发展水平的限制，陶器制作粗糙，工艺粗劣，带有一定的原始性，如裴李岗文化中的代表作陶盆。华中地区的彭头山文化中农业种植水平已经很高，已经有了水稻栽植技术，在畜牧业上，除了养猪外，还有水牛等，相比尚不多见的磨制石器来说，陶器制作非常发达。华北地区主要是仰韶文化和大汶口文化，此区不但进一步发展了农业，还出现了陕西西安半坡那样的较大的聚落，发达的彩陶是当时的一大特色，如距今约 7000 年的仰韶文化，由于原始人实践能力的提高，带来了手工制作技艺的飞速提升，陶器品种更加丰富了，主要种类有盆、罐、钵和小口尖底瓶等，并出现了彩陶，其纹饰大体有图案纹饰、动植物纹饰和少数的人面纹，代表作品有彩陶人面鱼纹盆、彩陶罐、船形陶瓶等。河姆渡文化和大溪文化等是华中地区的代表。河姆渡文化里有了稻谷的身影和水田耕作的农具；大溪文化中，原始人用稻壳掺泥抹墙，泥土中掺入稻壳用来制作陶器，这些都表明当时稻作农业已有很大的发展。旧石器时代最后一期是铜石并存的时代，出现在距今 5500～4000 年，主要以龙山文化、良渚文化和石家河文化为代表。此间小件铜器开始走上人类文明的舞台，有了先民集中生活的中心聚落和最早的如章丘城子崖城址、淮阳平粮台城址那样的人类生活的城址等。房屋建筑不但体积大了，而且还分间设计和建筑，先民学会了用白灰和土坯抹地、筑墙。陶器普遍采用轮制生产工艺，磨光黑陶数量更多，黑陶制作工艺日臻成熟，出现了精美的“蛋壳黑陶”，主要代表作还有黑陶鬶、三足黑陶鼎等。

在长期的制作实践中，先民逐渐地熟悉了陶土的性能，知道了不同的陶土可以生产制作出不同的陶器。后期出现了用高岭土烧制的白陶。夏代的陶器以泥质灰陶和夹砂灰陶为主，制作一般都较规整，质量较好。泥质陶常做饮食器，夹砂陶多为炊器。从商代遗址出土的部分陶器上，可以发现薄薄的一层浅黄色或者青色釉。到了西周，青色釉更为普遍。通过化学数据的分析可以了解商周时期的青色釉主要是石灰釉，石灰釉的出现也是我国瓷器的原始雏形，后来经过一段时间的发展，到了东汉及魏晋十六国时期，陶器已经被瓷器所取代，这就让中国成为世界上最早制瓷的国家，瓷器的名声远扬海外，一度成为中国的代名词。

商代早期，在长江中下游地区，印纹硬陶风行。用印模在未干的陶坯上捺印所需花纹然后烧制印纹陶，由此所得陶器通常称为几何印纹陶，这种技术流行于长江以南古越地区，起始年代与黄河流域的龙山文化相近。依烧制温度高低的不同，几何印纹陶又分为印纹软陶和印纹硬陶。软陶因坯胎之泥质与细砂质不同，会呈红褐色或灰白色等色。硬陶系在前者基础上发展而来，进入商代以后才出现，其胎质比一般泥质或夹砂陶细腻，烧制温度甚高，胎质坚硬，叩之清脆有声，器体内外多呈灰褐、紫褐色（周全，2012）。

印纹陶的制作方式有手制、模制和轮制几种，大多为日常生活用具，如瓮、坛、瓶、盂、钵、杯、盘、豆、罐等器皿。用印模在陶坯胎上捺印出纹饰，最初只是出于加固陶坯，防止器物变形之目的，早期印纹陶多为布纹、席纹和绳纹痕迹，原因正在于此。商周时期的印纹硬陶发展很快，在早商晚期遗址出土的印纹硬陶品种已很丰富，且常与原始瓷器一同出土。商代晚期，随着陶器制作技艺的进一步提高，出现了胎质和硬度更好的白陶和印纹硬陶，尤其是白陶的制作工艺发展到了非常高的水准，一定程度上模仿了青铜器的造型手法，胎质坚硬，器形规整、简洁，纹饰精美华丽，整体设计相当精致。白陶是表里和胎质都呈白色的一种素胎陶器，以瓷土和高岭土为原料，在1200℃左右的温度中烧制而成，由于胎质中所含氧化铁比例极低，大约只有1.6%，因此烧成后表里和胎质都呈白色。白陶的诞生标志着施釉的原始瓷器开始崭露头角。

商代晚期还出现了一种模仿青铜器的白陶，以白色瓷土为胎，器表多有饕餮纹、夔纹、云雷纹等仿青铜器纹饰，制作精细考究，几乎全是用于祭祀等典仪的礼器，是人类文化史上罕见的美妙绝伦的工艺品。由此看来，经济发展的程度和生产方式直接决定着陶器的艺术审美取向和工艺水平。

对于中国现代黑陶来说，它的存在和发展仍然依赖于其存在地域的经济和生产方式。以囊谦藏黑陶为例，由于囊谦县地处青藏高原东部，交通落后，经济极其不发达，以牧业为主要生产方式，因而囊谦藏黑陶的制作方式依旧依靠原始的手工轮制。陶料基本上就地取材，经常选用当地储量丰富的胶土和黏土。先将陶土捻成粉末状，再经过筛选、轧光、绘纹等工艺流程，将初步制作成型的陶坯进行封罐熏烟烧制，烧制的过程要时刻注意控制火候和温度，使烟熏碳颗粒能够很好地深入到陶坯的缝隙，达到较好的密封效果。此一系列操作手法较为复杂和原始，这也与当地经济不发达、交通闭塞等客观限制因素有关。

囊谦藏黑陶是囊谦农牧民生活中不可或缺的一部分。当地农牧民以饮用囊谦藏黑陶壶中调制的酥油茶为荣。历史上“藏黑陶”作为贵族的贡品，制造数量少，做工精细，具有极高的观赏价值。由于其带有传统、强烈的民族传统，在一定程度上浓缩了藏文化，是藏族聚居区文化发展的一个缩影。

现在，随着现代电器、无线电、航空、原子能、冶金、机械、化工等工业以及电子计算机、空间技术、新能源开发等尖端科学技术的飞跃发展，出现了特种陶瓷。这些陶瓷所用的原料也不再主要是黏土、长石、石英，有的坯体上采用了纯粹的氧化物和具有特殊性能的材料，制作工艺和性能要求也不一样。相继出现了电绝缘体（如瓷壶、瓷管）、高强度陶瓷、高温陶瓷、高韧性陶瓷、铁电陶瓷、压电陶瓷、生物陶瓷（如人造牙、人造骨等）以及陶瓷发动机、陶瓷轴承、航空航天陶瓷材料等。

第三节 社会制度对黑陶文化的影响

中国社会科学院语言研究所词典编辑室编的《现代汉语词典》中对“社会”一词的定义是“由一定的经济基础和上层建筑构成的整体”。社会制度的不同和更替，是社会生产力和生产关系的矛盾运动推动的。文化在社会更替的过程中不断演化其基本形态，随着社会意识形态的变化而变化。

不同的社会制度类型具有不同的文化特质。比如，地理环境的差异使得人们的生产和生活方式呈现出不同的特点，直接影响到族群社会关系的构建和形态。早期欧洲大部分地区土地贫瘠，很不适合开展大规模的稳定的定居农业，因此人们不得不依赖于频繁的海上贸易和工商业活动维持社会的正常运转，这就形成了欧洲社会重商的文化传统和以私有制财产为核心的家庭关系。在东方的中国，自古以来便是农业社会，黄河的滋养为大规模农业的开展提供了有利的条件，农耕文明使得以家庭为主要代表的氏族社会繁荣发展，安土重迁的文化传统使得中国人更加注重血缘关系，形成了一整套以宗法制为核心的社会组织形式。

20 世纪马克思主义史学的传入对中国的历史研究尤其是新中国成立后的历史研究产生了巨大的影响。马克思的历史观理论本身也存在一定的局限性，初期中国学者又没有详加分析便照单全收，并没有对问题进行具体分析。改革开放后，历史研究的禁区逐渐被打破，许多学者开始认真思考本国历史，重新审视中国历史的社会结构和制度，他们摆脱了过去单纯强调阶级斗争史和社会线性进步论的论调，认为中国产生于商代后期的宗法制度是氏族社会的血缘关系在新的历史条件下演化而成的。这种以血缘关系为主的社会制度才是中国几千年来的核心社会制度，它形成了嫡长子继承制、封邦建国制和宗庙祭祀制。

宗法和君主专制制度的中国传统社会政治结构对中国文化产生了深刻的影响。一是导致中国文化的伦理型模式。宗法制度极为重视社会规范和社会秩序，它积极方面的价值是增强了中华民族的凝聚力，共同的文化缔造出共同的文化伦理，它强调尊崇儒家伦理规范，形成了中国礼仪之邦的美誉，也使得中国历史总体上能够始终保持大一统的格局，维护了社会的总体稳定和良性发展。但与此同时，我们也应该看到儒家三纲五常的伦理道德规范被官方定于一尊后，给中国人带来的负面影响随着时间的推移越来越显著，尤其是宋明理学的出现，“存天理、灭人欲”等保守思想严重束缚了人们的精神，尽管在一定程度上维护了社会的等级秩序，但也阻碍了中国社会的进步。在 16 世纪西方国家经过文艺复兴和地理大发现进入历史发展快车道后，彼时的中国却依然沉浸在闭关自守的天朝上国的迷梦中。二是导致中国文化形成政治型模式。民族共同的文化认同心理就是大局观念、整体利益高于一切，这是正面的价值；负面价值是国人严重缺乏个人自信心，较少关注个体内心的所思所感，盲目迷信权威和权力，存有严重的服从心态。三是由于专制与宗法相结合，即儒家学说与法家学说的联袂出现，为文化打上了伦理政治化和政治伦理化的深深烙印，突出地表现为崇尚“修身齐家治国平天下”的内圣外王的心态。

春秋战国时期，东周王室的威权名存实亡，各诸侯把握机会相继崛起，形成了割据一方的政治势力，中国开始进入战国纷争的分裂阶段，此时生产工具的进一步革新，促进了封建经济的快速发展，新兴地主阶级力量也在不断增长，国家局部统一局面的持续出现，为中央集权制度的形成创造了社会条件。战国后期，秦国经过一系列变法措施，国力迅速强大，真正具备了横扫六国统一中原的实力。秦朝的建立也奠定了中国未来几千年的历史发展趋势。这个时期，秦朝统治者总结了战国时期战乱频仍，社会混乱导致民生凋敝、生产退步的经验教训，在政治制度上树立中央的绝对权威，将权力过于分散的分封制改为高度集中的郡县制，建立起大一统的君主集权专制制度，这就为后来儒家思想独行天下奠定了社会基础。

代表中国传统文化主流的无疑是儒家思想文化，但它的权威地位是在汉代才建立起来的。此前的春秋战国时期，百家争鸣，儒家思想的理想性特征无法适应统治者迅速改革的需要而未引起重视，当时的统治者普遍接受和尊崇的是强调强力管控的法家思想。汉朝建立后，经过初期的休养生息政策，社会秩序趋于稳定，儒家的纲常伦理思想逐渐适应了中央集权的需要，有利于统治者的统治，无论是“天命观”，还是其“仁”“礼”思想，都是以维护已经存在的秩序为己任，以约定个人思想为着眼点的。因而西汉时，汉武帝接纳大儒董仲舒的建议，罢黜百家，独尊儒术，董仲舒没有拘泥于孔子的原说，而是根据西汉统治者的需要，加入了“天人感应”学说，进一步发展了孔子的“仁政”思想，从此确立了儒学在中国政治历史上的统治地位。从此，无论王朝更迭还是外族入侵，在中国占据主流地位的一直都是儒家思想。

商周时期残酷的人殉风俗是陶文化的重要载体，人殉是原始社会晚期源于神灵崇拜的一种丧葬制度。原始社会时期人们普遍相信万物有灵论，死后灵魂不灭的信仰影响着人们的死亡观，他们认为人死后会直接进入另一个世界继续享受生活，因此在自己的肉身湮灭之前必须有一批自己的亲信和随从陪葬，以便于死后继续为自己服务，于是乎人殉现象便成了顺理成章之事。

到了春秋晚期，奴隶制的社会渐渐崩溃，人殉的做法引起了人们的极大非议，许多新兴士大夫和思想家认为此项用活人进行殉葬的制度太过野蛮。公元前621年，秦穆公死后，曾下令让177人陪葬，其中包括三位才华出众、深得民心的良臣。国人因此作《黄鸟诗》以表示对死者的哀悼和对暴君的诅咒和憎恨，在各诸侯国中，妇女作为主人婢妾生殉的恶俗渐渐被人们摒弃。到了春秋之后，人殉的做法已不多见，但殉葬制度仍然存在，但基本上改用木制或者陶制的人俑来代替。这在当时是极大的进步，却也受到儒家大师孔夫子的批判，他说："始作俑者，其无后乎！"在他看来，俑是按照人形做成的，象征着人。既然是人，那么埋在了地下，就有伤于人，所以对"作俑"是很愤慨的。但正因为俑殉代替了人殉，客观上促进了陶器技艺的完善和功能的拓展。到了西周后，除了生活器皿之外，还出现了秦砖和冥器，即"秦砖汉瓦"。春秋战国时期，各国的瓦无论是在内容上还是形式上都有很大的区别：燕国的瓦，图案沿袭商周青铜器上的装饰——饕餮纹。洛阳周王城的瓦，主要以各式云纹为特色。秦国的瓦流行由单一的动物组成的题材，其纹饰布局和构图具有强烈的运动感，注重动物特征的刻画。齐国的瓦，则是以树木纹为中心展开。秦国的瓦当，以全瓦为主，燕齐洛阳的瓦当，以半瓦为主。瓦当作为陶的一种，为陶器的应用添加了新的形式。

随着人殉制度的退出，到了战国和秦汉时期，陶俑、陶兽、陶器物等冥器随葬已成了风俗。到了汉代，由于国力强盛，社会稳定，经济发达，尤其是农业和手工业发展较快，这时候在战国时期出现的彩绘陶得到飞速发展，釉陶也普遍应用到制陶技艺中。汉代之后，釉陶进一步发展，最有代表性的还是冥器唐三彩。它是铅釉陶器，以高岭土做原料制成胎体，释彩釉烧制而成。

随着冶炼技术的发展和应用以及瓷器的出现，陶器渐渐失去了光彩。但作为一种古老的技艺，它始终在民间存在着。尤其是到了20世纪90年代，在全国各地相继出现了很多陶器制作的企业，有的地方政府相当重视，不断扶持，渐渐成了当地的文化产业。如山东德州黑陶，已成为当地有名的"三宝"之一。各地相继涌现出很多知名企业，比如山东齐河刘浩黑陶、齐河龙山黑陶、德州梁子黑陶，黑龙江绥棱陶源陶、绥棱现代黑陶，日照、章丘以及河北等地也有大量的陶器制作企业。这些企业尽管经营规模大小不一，制作风格各不相同，但陶的基本制作技艺还是趋同的。除此之外，全国各地都有一些以陶艺为主的陶科研所、研究所等，为陶艺的传承和发展都起到了积极的推动作用。

第四节 风俗文化对黑陶文化的影响

风俗指的是在相对稳定的族群区域内人们长期形成的行为规范和生活方式。由于地域环境的不同，风俗也具有多样性特征。所谓“百里不同风，千里不同俗”，正反映了风俗的多样性特点。一个特定地域的社会风俗如果进入另外一个特定地域可能就不会形成时尚的风气。而且风俗一旦形成，它便具有强烈的稳定性和传承性。时代对于社会风俗有着一定程度的影响，不同时代也呈现出不同的社会风尚，所谓“移风易俗”形容的正是这种现象。

由于社会风俗是依附人民的生活、习惯、情感与信仰而产生的文化，所以一定的社会文化必将决定一定的社会风俗，一定的社会风俗必将反映一定的社会文化。由于时代审美风尚的不同，文化的价值取向也会随之发生变化。商周时期鬼神崇拜极为盛行，使得当时的青铜器纹饰基本上以饕餮纹、夔龙纹为主，表现出浓郁的神秘气息和对万物有灵的崇拜。秦汉时期国力强盛，民族自信心空前高涨，工艺美术更呈现出深沉豪迈、大气磅礴的雄壮气势。魏晋时期战乱频仍，五胡为乱搅乱中原地区的安宁，玄学清谈之风又起，秀骨清像的飘逸感是当时崇尚的审美风貌。隋唐时期社会风气更为开放，以胖为美的审美风尚占据主流地位。纵观留存下来的美女雕像和图画，尽管各自工艺不同，所表现的人物年龄不同，借助材质和表现形式也不尽相同，但女性大多面如满月，身材丰硕，袒胸露乳，大胆奔放。综上所述可以看出，无论是清风瘦骨还是玉润珠圆，都是民族文化在审美上的真实反映，因此，朝代的更迭并不能从根本上影响审美取向。即便是中国以外的国家与民族，这种社会风俗与文化形态的关系也具有相通性。

随着自然环境、经济生产方式与社会组织的发展而形成的文化背景和社会风俗，总会衍生出与这些元素相吻合的个体文化，折射着文化背景的真实，体现着社会风俗的内容。

河南淮阳有座人祖庙，供奉的人祖就是伏羲和女娲。每年农历二月二至三月三这里举行庙会，前来朝拜女娲和伏羲的人潮如织。朝拜的人们都要买一些泥狗，这是当地十几个村庄的农民用陶泥捏造的，只在庙会期间出售。据艺人的传说，陶狗就是伏羲、女娲抟土造人时留下的。

淮阳泥狗的形态各异，由黄泥捏制，外加彩绘，其中有人祖，是一种猴面人身泥塑，用线条画出人身上毛茸茸的感觉。据说伏羲、女娲捏的先祖的模样就是这样的，这和达尔文从猿到人的进化学说暗合。有老虎、独角兽、多角兽、鱼、蛙、龟、狗、鸡、牛、马等动物，还有双头联体的动物，如猴头燕，此外还有《山海经》神话里的动物，色彩以黑色为主，再加白、青、黄、红各色，有着神秘的美感。它们不仅是孩童的玩具，还象征着生殖崇拜，泥人代表着人类，泥牛马就代表牲畜动物，人们把它们带回家，寓意家庭美满、兴旺发达。全国各地也有很多依附于这种神话的民间手工陶技艺因为风俗的流传而得以保留和传承下来。

山东素有“一山一水一圣人”之称，特别重视文化的教化功能，所以出现的很多硬刻陶刻出的内容大都以“四书”、“五经”、《道德经》为主要内容；在造型和纹饰上，很多作品表现出天地合一、和谐向上的主题。

第二章　中国黑陶文化的生态格局与形式演变历史

陶器是人类文明发展到一定程度的重要文化标志。与石器相比，陶器拥有更强的可塑性和实用性，陶土来源随手可得，陶器重量更轻，使用也更方便，更为重要的是陶器是人类第一次利用自然物按照自己的意愿塑造的一种工具。陶器的诞生是人类文明进程的重大跨越，使人类从石器时代进入了部落原始社会，它极大地改善了人类的生活条件，使人们有更多的剩余精力来进行审美素养的培育，由此具备审美层次的艺术品开始逐渐出现，而这其中陶文化是艺术史的起源。

大致来说，人类学会用火之后不久就掌握了陶瓷烧制技术，所以推断最早的陶器可能产生于数万年前甚至更早。陶器的出现使得社会分工更加细化，也促进了生产力的发展。由于陶器原材料较为容易获取，烧制工艺较为简单，制作成本低等优势，相对于用其他材料制作的器皿和工艺品，陶器更符合史前人类的生产工艺水平。原始社会的陶器在生活中有着非常重要的意义，是原始社会人们重要的生活用品。陶器不仅可以作为划分考古学文化的标志，而且是人类早期的工艺美术作品之一。陶器的诞生在某种程度上也是工艺史、艺术史的起源。随着社会经济的发展，陶器逐渐被强度和韧度更高的青铜器和陶瓷取代，在汉代以后陶器开始走向衰落。到了 20 世纪，由于陶器古朴的造型和绚丽多彩的纹饰再次吸引了现代人的目光，这时的陶器已经从以实用性为主体价值的器皿转变为艺术品，开始在新时代大放异彩。我们以中国陶器的发展史为参照，能够对中国现当代陶艺的创新与发展脉络有一个较为清晰的认识。它能够增加受众对非遗陶艺的现代保护与传承的关注度，对促进黑陶文化产业的繁荣发展有着重要的现实意义。

黑陶工艺有着几千年的历史，黑陶的诞生阶段可以追溯到新石器时代中晚期，这也是人类社会的萌芽阶段。黑陶，顾名思义是指黑色陶器，但其中包含着广泛的寓意，而不能仅仅用“黑”这一个字加以概括。概而言之，黑陶的艺术特征可以用“黑”“薄”“光”“纽”四个字来形容。黑是对其颜色的界定，以此说明它与红陶、彩陶等其他类型的陶器在颜色上的不同。黑陶的黑色并不限于器表，而是胎质紧密，内外透黑，这使黑陶器物在颜色上呈现出一种和谐的美。

黑陶类型学是在汇集了大量黑陶研究成果的基础上形成并建立起来的，以往对黑陶艺术的研究注重的是器形、纹饰特征、艺术风貌等具体的审美特征，而黑陶类型学是从黑陶艺术的历史发展脉络中寻找黑陶的本质特征。通过对黑陶进行类型学分析，可分为夹碳黑陶、夹砂黑陶、泥质黑陶、黑衣陶（黑皮陶），主要种类如下。

夹碳黑陶：它的特征是在陶土中杂和大量的草类、植物的秆、叶碎末和种子壳等有机物（碳氢化合物），在烧制过程中改变陶土性能，并用强还原气体烧成，见图 2-0-1～图 2-0-3。

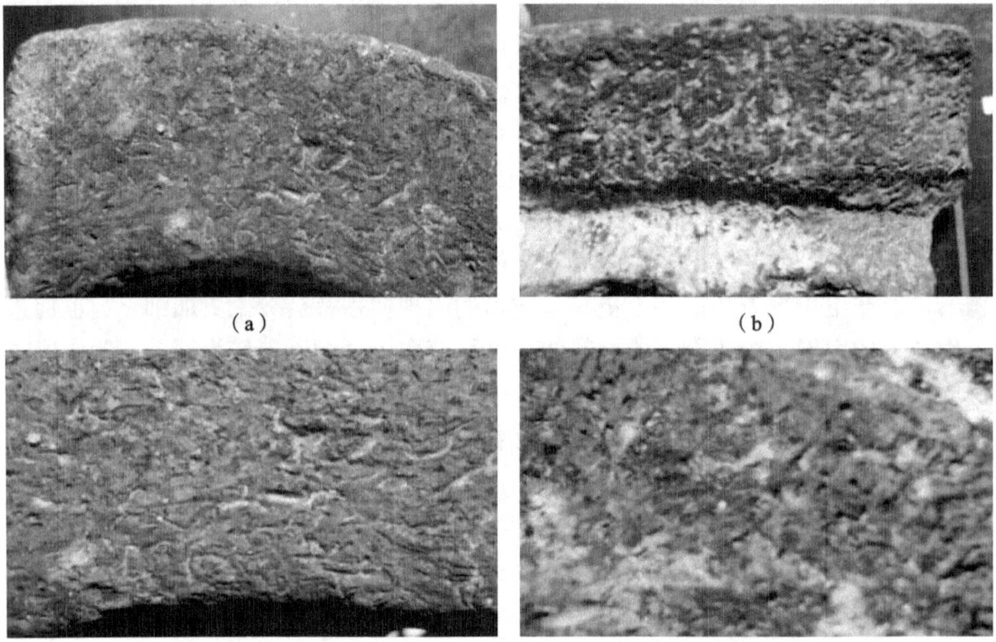

（a）　（b）　（c）　（d）

图 2-0-1　夹碳黑陶标本

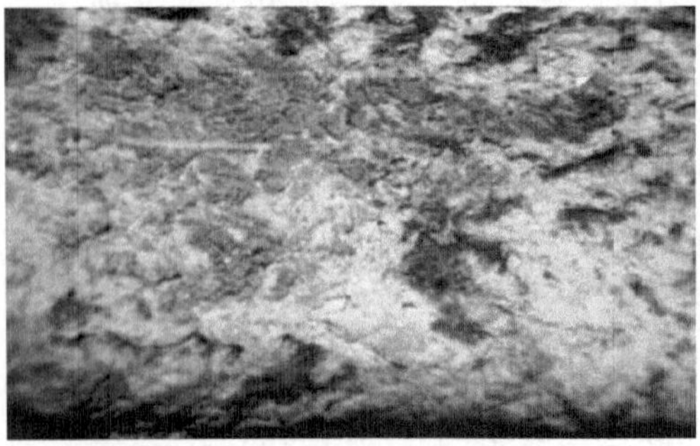

图 2-0-2　带陶衣的夹碳黑陶标本

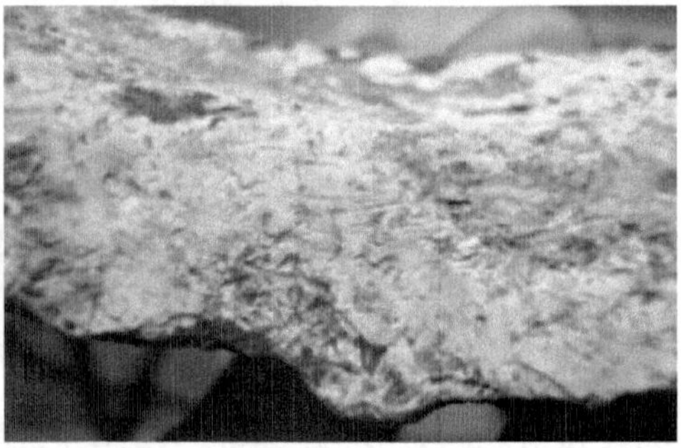

图 2-0-3　带有加光层的黑陶标本

图 2-0-4 为新石器时代新石器椭圆圜底小玩具，横 4.65 厘米，口径 7 厘米，方唇，敞口，口部剖面椭圆状，颈微束，扁腹，圜底。颈部前面有半圈小圆孔，近底部和底部有等距三角圆孔。器物的背面也有一圆孔。夹碳黑陶，素面。造型类同后代的鱼篓，浙江省博物馆收藏。

图 2-0-4　新石器椭圆圜底小玩具

夹砂黑陶：属于夹砂陶的一种，是一种胎体中混有砂粒的黑陶。为了使烧制后的陶坯不易变形或者裂开，工匠们会在陶土中加入砂粒和碎末，这样的黑陶便具有了耐高温和耐变形的特性。

图 2-0-5　鸟喙形足黑陶鼎

图 2-0-5 为鸟喙形足黑陶鼎，山东潍坊姚官庄龙山文化遗址出土。最具有龙山文化特色，为其他文化所罕见，属于新石器时代晚期山东龙山文化时期特有的一种象形足鼎。口径 26 厘米，高 18.5 厘米，夹砂黑陶，敞口卷沿，尖圆唇，浅盆形，上腹饰两周凸弦纹，下腹部捏塑两个錾凸，平底，鸟喙形三足，足面中央饰竖条附加堆纹，两侧有两个圆形镂孔。

图 2-0-6　鸟喙形鼎足

图 2-0-6 为鸟喙形鼎足，其三个足，具有鸟嘴之状，形象极其别致生动，栩栩如生，因形似“鸟喙”而得名，或称之为“鸟首式鼎足”。又因象形“鱼首”，旧时还曾称为“鱼首足”。后世因为其形状怪异，酷似鬼脸，给予“鬼脸”之喻，所以又得“鬼脸鼎足”的称谓。在材质方面，这类陶鼎多为夹砂黑陶。

泥质黑陶：采用天然黏土如红土、黄土、黑土和沉积土等制作。经过漂洗、陈腐和练泥等工艺处理，尤以山东龙山文化的薄胎黑陶（蛋壳陶）为典型。

图 2-0-7　新石器时代泥质黑陶

图 2-0-7 为新时器时代泥质黑陶，黑陶折腹壶，高 14.4 厘米，口径 10.4 厘米，1979 年潜山县王河镇薛家岗遗址出土，时代约在距今 6000～5000 年之间，是具有浓厚地域特征的标准器，在长江流域新石器时代考古研究中占有重要

地位，现藏安徽省文物考古研究所。直颈稍敞，圆腹，矮圈足。壶颈下部饰凸棱1圈，肩上部饰凸棱3圈，腹至圈足等距离饰凸棱6圈，7个几何纹饰均匀地围绕在黑陶周围，带有强烈的韵律和动感，圈足足沿刻对称短凹槽4组，其中两组各4道相对称，另两组各2道相对称。胎质细腻，表面涂一层黑皮，再加工磨光，黑色磨光发亮。上半部分刻画的几何纹饰绕器物一周，刻画纹饰布局均匀，线条清晰流畅，刻工刚劲有力，造型庄重典雅，十分美观。

黑衣陶（黑皮陶）：也是一种泥质陶，特征是胎坯里面（剖面）是黄色、红色或灰色，外表为黑色，即一层墨黑的薄皮。这种陶是在强还原气氛中的窑炉里烧造的，烧成温度高于红陶和灰陶。多数黑陶内外皆黑，少数则在灰陶或红陶外施加黑色陶衣，即所谓黑皮陶或黑衣陶，为灰胎黑皮陶。常以快轮成型，造型规整，胎体一般较薄。器物多素面磨光，若干作品带细巧的刻画和镂空装饰，甚至加彩绘。

以上4种不同特点的黑陶，本书在下面的论述中统称为黑陶，见图2-0-8和图2-0-9。

图 2-0-8　良渚文化黑陶

图 2-0-9　龙山文化黑陶

第一节　中国传统黑陶文化生态格局

一、黄河流域新石器时代陶器

（一）裴李岗文化

裴李岗文化遗址分布在黄河中游地区，距今约8000～7000年，是我国中原地区发现最早的新石器时代遗址。1977年在河南省新郑县（今新郑市）裴李岗村首先发现，出土的陶器以泥质红陶和夹砂红陶为主。由于火候太低，陶片破碎较甚，有些几乎成粉末状，可复原者极少。

图 2-1-1 中陶器均为手制，质地疏松，分泥质陶和夹砂陶等几种，夹砂陶中不同程度地掺有蚌料，少部分掺入云母片。陶色以红为主，次为红褐，少量为褐和灰，也有黑陶。器表大部分素面，部分磨光，施有陶衣，有些内壁亦被磨光。纹饰有篦点纹、划纹、绳纹、乳丁纹、弦纹、指甲纹等。器形有水罐形鼎、双耳壶、钵、碗、大口深腹罐、盆、甑、纺轮等。鼎质地有泥质陶、夹砂陶、夹蚌陶，陶色以红褐为主，少量为灰色。根据口部和腹部形态分为三型：①深腹，圆锥形足，足外撇；②泥质陶，略呈浅黄色，腹较浅，圆锥形足；③腹部较浅，圆锥形足较细，足外撇。

图 2-1-1（a）为泥质夹砂陶，陶色呈红褐色。泥条盘筑制成，胎壁薄厚不均。器身作桶状，形体较大，侈口宽沿，束颈鼓腹且深，腹壁斜直下收为小平底，深腹，素面无纹。现收藏于新郑市博物馆。

图 2-1-1（c）为双耳罐，这类陶器目前最早见于长江中游彭头山、长江下游的上山、小黄山、黄河中游的裴李岗及淮河上游的贾湖等文化遗址，随后发展到长江上游的楠木园、长江中游的城背溪和皂市下层、长江下游的跨湖桥、河姆渡等文化，并在各自后续文化中延续了一段时间后才逐步消失。该类器物是以口下置双桥形耳而命名的。早期一般以小口、深腹为造型特征，晚期以中口、折腹为特点。黄、淮地区常见小平底，少数圜底，长江流域则以圜底为主。

（a）　（b）　（c）　（d）

图 2-1-1　裴李岗文化陶器

（二）大地湾文化

大地湾遗址位于甘肃省秦安县五营镇邵店村，是距今约 7800～4800 年前新石器时代黄河流域的远古先民创造的重要史前文明，也是目前中国新石器时代较早的文化遗址之一。大地湾遗址创下了 6 个中国之最：中国最早的旱作农作物标本；中国最早的彩陶；中国文字最早的雏形；中国最早的宫殿建筑；中国最早的“混凝土”地面；中国最早的绘画。大地湾文化的横向跨度大约 3000 年，每期的文化遗址都呈现出不同的风貌。大地湾文化遗址包含前仰韶文化、仰韶文化中晚期和常山下层文化，是中国彩陶的发源地，与地处同一流域内的仰韶半坡文化相比，大地湾文化在时间上更早。它在原始民居、农业耕作技术、彩陶文化等多方面都代表了华夏文明的早期萌芽，是中国史前文明的重要源头（孙同秦，2008）。大地湾文化早于中原地区的仰韶半坡文化千年之久，两者在文化渊源方面具有密切的传承关系。因此大地湾遗址对后来仰韶文化的高度发展起到了极为重要的推动和促进作用。它的发现，对探索中华文明的历史源头具有重要研究价值（马清林 等，2004）。

大地湾文化遗址全景式展现了从农业社会初期的小型社会群到初步文明化社会的历程，在探索中华文明起源方面有重要价值。大地湾文化遗址与同时期中国其他地区的原始文明交相辉映，共同推动了中华文化的融合与发展，对华夏民族文化共同体的形成具有重要的推动作用。

图 2-1-2　彩陶鱼纹盆

大地湾遗址出土的陶器，陶器口沿上多绘有红色宽彩带，以这一独特风格为标志的大地湾陶器不仅是发现最早的彩陶，也是中国最原始的彩绘图案，见图 2-1-2。大地湾彩陶主要以生产具有实用价值的陶器为主，主要器形有圆底钵、三足钵、圈足碗、尖底瓶、小口瓶、口足鼎、平底釜、条形盘、三足罐和深腹罐等。早期的彩陶纹饰上主要为鱼纹和鸟纹相结合而成的变体动物纹。大地湾彩陶是目前发现的中国史前时代最古老的陶器文化，这标志着以甘肃东南部为中心的西北区域是中国彩陶的发源地，此后在原始社会向阶级社会转型的过程中，彩陶文化在甘肃始终扮演着极为重要的角色。

（三）仰韶文化

分布在黄河流域的仰韶文化可以说是中国史前陶器文化的重要代表，因 1921 年在河南省渑池县仰韶村发现而得名。彩陶为其陶器主要类型，质地有泥质陶和夹砂陶，距今约 7000～5000 年。陶器种类主要有盆、罐、钵和小口尖底瓶等，见图 2-1-3，主要分布在河南、陕西、山西、河北南部和甘肃东部一带，可分为半坡类型、庙底沟类型、西王村类型、后岗与大司空类型和秦王寨与大河村类型等。

仰韶文化的制陶业比较发达，制陶技术的发展水平最能代表当时的手工业经济的发展水平。从目前所得到的考古资料可知，当时的黄河中下游流域各原始部落已经掌握了成熟的制陶技术，从陶土的选择、胎模的塑造、火候的把握等都有着严格的标准。制陶工匠运用纯熟的绘制技术在器壁表面施加纹饰，有的直接用针笔刻画，有的用模具翻制。施加纹饰的目的也不同，有的是为了加固器壁，有的纯粹为了美观。对这一时期彩陶纹饰的研究可以了解原始社会人类的审美风尚。仰韶文化经过一千多年的发展，到中期以后就进入了繁荣阶段，其彩陶艺术随即达到巅峰水平。

（a）　（b）

图 2-1-3　仰韶陶器

仰韶文化的陶窑为横穴窑，在大地湾、师赵村均有发现。一般分为火塘和窑室两部分，火塘是添柴生火之处，呈圆形或长方形，有火道通入窑室。窑室均呈圆形，周边设环形火道，受热较匀。火塘一般低于窑室，这时候工匠们已经对烧制火候的把控有了一定的经验。

仰韶文化时期的陶器种类丰富，器形多样，见图 2-1-4～图 2-1-6。当时主要有三种陶器：泥质红陶、夹砂红陶以及泥质灰陶。还有少量的橙黄陶、灰陶以及褐陶。饮食器多为细泥红陶，其中不少是彩陶，有罐、缸、瓮等，炊器和盛储器则以夹砂红陶为主。仰韶文化彩陶的纹饰都是在入窑之前绘制的，这样可以使其在烧制过程中器壁与纹饰紧密结合，使得色彩和图案易于长期保持。

图 2-1-4　泥质红陶罐

图 2-1-5　超薄大型红陶小口尖底瓶

图 2-1-6　庙底沟类型鹳鱼石斧图陶缸

遗址中出土的陶器种类繁多，制作精细，烧制水平较高。陶器以泥质红陶和夹砂褐陶为主，另有少许泥质灰陶、泥质黑陶和夹砂黑陶。所绘图案简单流畅，构思新颖，以弧形三角纹、平行线纹、圆点纹和垂帐纹为主（图 2-1-7～图 2-1-10）。出土的陶器中有很多令人震惊的大型器物，如口径 90 厘米的黑陶大瓮，50 厘米的夹砂大缸，在同时期其他遗址中难得一见。而超薄大型红陶小口尖底瓶和陶塑人首艺术像（图 2-1-10），在河南豫西考古史上实属罕见。即使在现在，工匠制作也有一定难度。

图 2-1-7　船形彩陶壶

图 2-1-8　鱼鸟纹彩陶壶

图 2-1-9　人面含双鱼纹彩陶盆

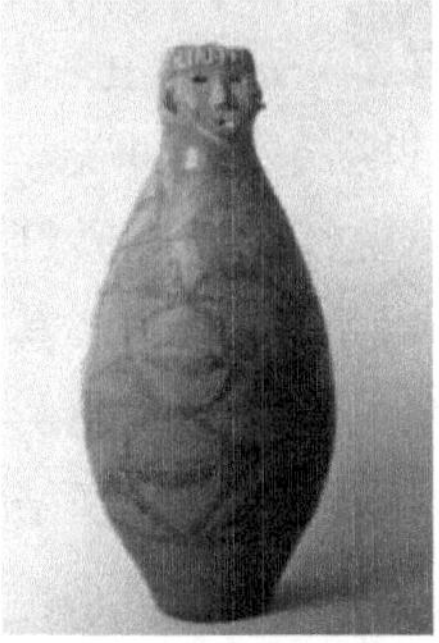

图 2-1-10　人首形陶器

仰韶彩陶以泥条盘筑法为主。彩陶主要集中使用在盆、钵、盂、碗等饮食器类上，个别的瓶、罐也有饰彩，其中以盆形器最多。仰韶彩陶的器形是平底器，还有数量较少的尖底器，圜底器更为少见。这说明仰韶时期平底器已经基本上取代了前期大放异彩的圜底器，这是陶器形制史上的革命性变化，使得陶器的实用性价值得到了增强。这时期的彩陶器形个体也变得较大，彩陶制作工艺更加走向成熟。纹饰绝大多数是连续图案，但同一件器物上纹饰分组雷同现象大为减少，多层全面展开图案的表现手法广泛应用。纹饰仍以绳纹为主，其次为弦纹和线纹，还有少量的剔刺纹、附加堆纹等。彩纹多饰于陶器外表，仅见个别的内彩。与早期相比，陶器饰彩面积增大，扩大到中下腹部，纹饰主要为几何形花纹和植物花瓣纹。这时的动物纹较为少见，仅有部分较为抽象的鱼纹。中期彩陶线条以弧线为主，与圆点纹搭配，一改早期彩陶较为呆板的风格，图案顿时变得生机勃勃、千姿百态，给人以强烈的美感。总体来说，仰韶早期的彩陶以红底黑彩为主，中期彩陶则配以白色陶体或红色陶底，器表上面绘有棕红色、黑色等纹饰图案，朴素自然，大方简洁。从彩陶图案纹饰的痕迹分析，当时绘画已经使用毛笔一类较软的工具。绘画所用的颜料、磨砚、研磨锤等工具，在西安半坡、临潼姜寨、宝鸡北首岭等遗址的营地、墓葬中都有发现。

（四）磁山文化

磁山文化遗址因其最初于 1972 年发现于河北省武安县磁山村而得名。磁山文化属于中国华北地区的一种新石器文化，该文化的发现将中华文明的源头追溯到 8000 年前。磁山文化中出土的大量人工驯养的家鸡和种植的粟米等农业遗存，还出土了较为丰富的石镰、石斧、石磨盘等石制工具，也出土了许多原始陶器、陶片。另外在磁山文化遗址出土的文物中出现了很多炭化核桃，这证明了早在磁山文化时期中国远古先民就已经学会了核桃的种植技术，使得学术界认可中国为世界上最早种植粟米和核桃的国家，批驳了核桃是通过汉代从西域传入的说法。同时将中国种植核桃的历史记录提前了 5000 年之久。

磁山文化的陶器、陶片处于较为原始的手制阶段，纹饰也较为简单朴素，有些器形通体无纹（图 2-1-11），这说明比仰韶年代更为久远的磁山文化其制陶业处于较原始的初级阶段。器形以椭圆口盂和靴形支座、三足钵与深腹罐等为典型陶器（图 2-1-12 和图 2-1-13）。陶器类型以夹砂红陶为主，也有少量泛灰色的器物，有泥质与夹砂两种。烧制火候较低，质地粗糙。陶器表面多饰绳纹、篦纹、乳钉纹及划纹等。多采用泥条盘筑法，器形不规整。磁山文化与中原地区的裴李岗文化有着较强的相似性，在新石器时代的中原地区是重要的代表性文化遗存，因此，国内学界也有人把两者连称为“裴李岗·磁山文化”。

图 2-1-11　灰陶深腹双耳罐

图 2-1-12　灰陶刻划三角纹双系罐

图 2-1-13　磁山文化红陶三足

（五）大汶口文化

大汶口文化的发现和确立是新中国史前考古工作所取得的重大成果之一，是新石器时代后期父系氏族社会的典型文化形态，从发现到认识再到文化的确立，经历了一个相当漫长的探索过程。大汶口文化位于黄河下游，是仰韶文化之后、龙山文化之前的一种古代文化（王成玲 等，2016）。1959 年首次在山东宁阳堡头村发掘的一处墓地里被发现，分布于泰山四周，东到黄海之滨、北至渤海南岸、西到鲁西平原、南到江苏淮北一带。大汶口文化盛行于新石器时代中期，其年代距今约 6300～4600 年，前后延续了 2000 年左右（康瀚予，2013）。

图 2-1-14 为新石器时代大汶口文化彩陶钵，图 2-1-14（a）为泥质红陶，高 13.6 厘米，口径 17.1 厘米，腹围 80 厘米，底径 6 厘米，浅腹斜收，稍敛口。器表外部涂红色陶衣，上部饰白色线条绘的网纹，中部饰“括号”纹，下部为连续“几”字纹。器物陶质细腻，造型美观。图 2-1-14（b）为仰韶文化半坡类型的彩陶图案，以简化变形的鱼纹为特色，配以模拟鱼网的图案。有的是青蛙的图像，和游鱼同饰于陶盆内壁，相映成趣。其表现了古代劳动人民的精巧手工艺水平，具有较高的艺术价值。

（a）

（b）

图 2-1-14　大汶口文化彩陶钵

图 2-1-15　彩陶背壶

图 2-1-15 为彩陶背壶。背壶是大汶口文化特有的盛水或用来汲水的水器，可以固定在背上，便于运动。背壶在实用性与舒适度方面都进行了创新。大汶口文化的背壶多为红陶，一般素面不加修饰。这件彩陶背壶被发现于墓中，体积小巧，外观华丽，非实用器，可能是一件专门制作的明器。现收藏于中国国家博物馆。

考古学家将大汶口文化分为三期：早期彩陶有胆色的红陶或黑彩，后盛行白衣多色彩陶，纹样为花瓣纹、勾叶纹、菱形纹等；中期彩陶多用波折纹、方格纹；晚期彩陶数量减少，图纹多为螺旋纹。通过纹饰可知大汶口文化与仰韶文化有较多联系，双方地域内都出土了对方的遗存。大汶口陶器早期多为手制，火候较低，器形简单。中期开始使用轮制技术，火候提升，并生产出灰白色陶器，见图 2-1-16。晚期出现了快轮生产大件陶器并发现了一种类似瓷土的坩子土为制陶原料，用以烧制质地坚硬、胎壁薄匀、色泽明快的灰白色和浅黄色的陶。

图 2-1-16　灰陶尊

新石器晚期，随着窑炉的改进，窑温提高，陶器在还原火焰气氛下烧制而成，因而陶色以黑陶为主。这一时期烧制的薄胎磨光黑陶高柄杯，代表了大汶口文化时期黑陶的最高水平，为将来山东龙山文化蛋壳黑陶的问世准备了条件。大汶口文化与龙山文化的叠压层位关系于 1963 年确立。海岱地区的考古文化序列为：北辛文化—大汶口文化—龙山文化。以北辛文化、大汶口文化、龙山文化、岳石文化等为代表的文化发展序列，在黄河中下游的山东地区，形成了一支独具特色的东方文化系统。

（六）半坡文化

在中国史前文化遗址中，半坡文化可以说是最具影响力的一个文化遗址，半坡文化遗址位于陕西省西安市半坡村，是黄河流域仰韶文化的重要代表类型，比甘肃秦安大地湾文化稍晚，距今约 6800～6300 年，半坡社会是新石器时代晚期典型的原始村落社会。半坡村的原始居民以氏族或部落为单位建立村落定居，房屋整体呈长方形，为了防止野兽入侵，在院落四周挖有壕沟，内部多为半地下式的结构。

按照马克思历史学观，半坡时期属于母系氏族村落，此时期女性的社会地位高于男性，女性是氏族中最主要的管理者，在平时的生产生活中起到领导作用。半坡遗址中出土了许多农耕和渔猎用具，说明半坡时期的人们的生产方式主要是农耕和渔猎相结合。

半坡遗址中大量绚丽多彩的陶器，表明这一时期的文化为彩陶文化。半坡彩陶的艺术成就非常高。从陶器上发现 22 种符号，可能是一种原始文字。其中，人面鱼纹盆可以说是中国陶器史上辨识度最高的一件著名作品，该彩陶整体呈棕红色，纹饰用黑彩描绘，上面绘有人面和鱼纹，花纹朴素简练。作为当时儿童的瓮棺盖，人面鱼纹盆具有很强的实用性特征，说明当时的原始先民极为注重陶器的使用功能。

仰韶彩陶的纹饰简洁古朴，图案可以分为两种类型。第一种为仿生形纹绘，图案一般取材于各类野生动物，比如鱼纹、鹿纹、蛙纹等纯动物纹。动物纹中以鱼纹最具代表性，贯穿于半坡文化的各期类型中。早期半坡彩陶上的鱼纹图案非常写实，大部分为完整的平展侧面鱼类图案，造型写实，比例准确，形象略显僵硬呆板。半坡中期出土彩陶中的鱼纹已经出现了一定的变化，在直线中穿插弧线造型，也有圆点、三角形的综合运用，样式上也加入鱼跃、回旋等姿态，整体鱼纹显得更加生动自然，活灵活现。半坡晚期彩陶的鱼纹则进一步强化了图案的抽象性。此期的鱼纹造型夸张，比例失调，头部可以突出大嘴和鱼牙（图 2-1-17）。弧线造型居多，突出了概念化、抽象化的特征，样式上则变成了上下对称，显得装饰性极强。

图 2-1-17　彩陶鱼纹折腹钵

第二种为几何形图案，此类图案大部分是由动物纹变形而来，具有某种程度的抽象性特征，比如三角纹、横纹、方格纹等，这些几何形图案一般都装饰在罐、盆等器壁的外部，简洁大方，古朴自然。

从目前出土的陶器看，半坡文化的陶器类型主要是夹砂陶罐、钵、埙、小口尖底瓶和卷沿边彩陶盆。埙在众多半坡出土陶器中较具特色。埙是史前时代的一种古老乐器，在仰韶文化类型中发现较多，代表了仰韶文化的特点。埙是远古先民经过千百年的生产实践模仿鸟兽的叫声发明的一种乐器，起初是为了吸引动物的注意力，以方便捕获猎物。随着生产力水平的提高，它也逐渐摆脱了实用工具属性，先民们按照音律的要求改造埙，增加按音孔，逐渐发展成了可以吹奏动听乐音的乐器。1956 年考古学界在半坡遗址发现了两个陶哨，这是迄今为止发现的最早的埙。

（七）龙山文化

龙山文化是我国新石器时代晚期的一种文化，1928 年首次发现于山东章丘县龙山镇城子崖。据碳 -14 测定，其年代距今约 4800～4300 年，随后，在全国多地如山西、河北、安徽、江苏等地都发现了类似龙山文化类型的史前遗址。

龙山文化最具代表性的特征就是其高度发达的黑陶文化，以砂质黑陶和泥质黑灰陶数量最多。在城子崖遗址的西面断层发现了带有黑色光泽的陶片。当时的专家也非常关注这些出土文物，派出了多批考古学家亲赴实地考察，经过多次发掘后，整理出相当一部分精美的磨光陶器，考古学家依据这些出土文物将其定名为龙山文化黑陶。

龙山黑陶多为传统的手工制法，但制作手法已经较为精细，以黑灰色为主，可以看出器口的边沿部分都经过了重重修整，显得极为光滑。

龙山文化陶器分为早、晚两期，早期陶器如折沿盆、尖底瓶等器形依旧存有仰韶文化陶器的某些特征，纹饰特征既继承仰韶文化又有所区别，主要以蓝纹为主。为了稳固器身，有些陶体表面在蓝纹上又附加纹绘多道堆纹。

龙山文化晚期陶器仍旧以灰陶为主，同时又出现了一定数量的红陶。这时灰、红陶的烧制温度有所提高，达到了1000℃左右，手制技术进一步革新，开始运用模型进行辅助。晚期龙山陶器的主要器形有杯、盘、碗、盆、罐、鼎、甑、器盖、器座及新出现的鬲等。纹饰在蓝纹基础上出现了绳纹和方格纹。

图 2-1-18　蛋壳黑陶

龙山文化闻名于世的陶器为蛋壳黑陶（图 2-1-18），此蛋壳黑陶反映了当时制陶技术的最高水平。该陶整体素面磨光，表面无纹饰，杯高为 22.6 厘米，整体造型为腹杯身，细管形高柄，主要作为一种高级礼器酒杯使用。黑陶蛋壳杯设计精美，外轮廓灵巧大方，追求别具一格的美感效果，绝对称得上陶器历史上的珍品。值得注意的是，该杯的胎壁厚度仅为 0.5 毫米，最薄处甚至仅 0.3 毫米，全杯重量也不足 1 两（约 50 克）。经过几千年深埋地下依旧完好如初，足以说明龙山文化时期的制陶技术水准之高，工匠们对造型细节的分寸拿捏之到位。

图 2-1-19　黑陶甗

青州市博物馆馆藏龙山文化黑陶甗（图 2-1-19），为泥质黑陶，口径 21 厘米，高 36 厘米，是 1977 年在桃园遗址出土的。该器侈口，尖唇，束颈，肩腹下内收，束腰成三袋足。尖唇下饰多周弦纹，肩饰双耳堆塑，两圆饼对称贴塑于肩，腹饰多周凸棱纹，底为箅子，箅下有圆裆，裆下袋足上饰不规则绳纹，足尖且细。

（八）齐家文化

齐家文化于 1924 年首次在甘肃省和广河齐家坪被发现，年代为公元前 2000～前 1900 年，主要分布在甘肃、青海和宁夏的一部分。

齐家文化属于新石器时代晚期文化，已经进入铜石并用阶段。齐家文化是继承马家窑文化发展而来，是黄河上游新石器时代晚期至青铜器时代早期的一种文化。齐家文化的房屋多为半地穴式建筑，居室铺一层白灰面，既坚固美观，又防潮湿。

齐家文化制陶技术和纺织业进步明显，制陶业发达，制陶工匠已掌握了氧化焰和还原焰的烧窑技术。陶器独具特色，大量陶器通体素面，表面无纹饰，彩绘图案也极为少见，主要是泥质红陶和夹砂红褐陶，以黄色陶器为主，一些器物的表面施以白色陶衣。在出土的某些罐和三足器表面会出现绳纹和篮纹。彩陶数量也较少，纹饰主要以方格纹、网纹、水波纹等为主，线条简洁明练，流畅自然。

齐家文化陶器器形主要为平底器，兼有少量三足和圈足器皿。主要的代表器物有盘、鬲、盆、双耳罐等，齐家文化陶器以双耳罐最为独特（图 2-1-20 和图 2-1-21），著名的有红陶双耳罐、双耳大罐等。

图 2-1-20　复线三角纹交叉纹彩陶罐

图 2-1-21　蚕纹双联陶罐

齐家文化时期青铜冶炼技术开始推广，进入铜石并用阶段。纺织业也有了长足发展，在许多发掘的居住和墓葬遗址中发现了大量的陶制、石制轮以及骨针等纺织工具。墓主人的骨骼上也出现纺织布纹的痕迹。大何庄出土的一件陶罐甚至保留了布纹，罐造型优美，设计巧妙，制作精致，具有实用功能。上面的保存布用麻布织成，可以反映出当时先民们的服装以麻布为原料。

（九）陶寺文化

陶寺文化的社会形态是一个“部落联盟古国”，陶寺遗址则是这个联合体的中心所在。陶寺文化是黄河中游地区的新石器时代文化，陶寺遗址位于山西省襄汾县的陶寺镇塔儿山，于 20 世纪 50 年代和 1978～1985 年连续两次被发掘。2001～2004 年，为进行“中华文明探源工程与研究”课题再次进行勘察和发掘。两次发掘清理出数量较多的房址、道路、水井、陶窑、灰坑，以及包括不同等级墓葬的大型墓地、城址、疑似观象台的夯土基址。出土鼍鼓、特磬、蟠龙纹陶盘、石制工具、陶容器、装饰玉器等，在陶寺遗址发现了红铜烧造成的铃形小铜器、铜齿轮形器、朱书文字、不同等级的墓葬、礼乐重器等多种与文明起源密切相关的物质遗存，由此确立了“陶寺文化”的年代为公元前2600～前2000年。这对探讨中华文明起源和国家的形成具有重要的意义（张国硕，2010）。

1978～1985年时期的发掘工作重心主要集中在陶寺遗址。这一阶段主要确立了陶寺类型为龙山文化的性质，提出了“陶寺文化”的命名，明确了陶寺类型龙山文化直接源自晋南地区的庙底沟二期文化，另外还建立起早、中、晚三期的发展序列。

陶寺文化早期，陶器组合以釜灶、斝、缸、鼎、罐、扁壶、甑等为主要器形。制陶手法以手制法为主，极少见轮制陶器。陶器材质以泥质和夹砂灰陶为主，也出土了少数的泥质和夹砂彩陶。陶器器表有的通体素面，有的也出现磨光。纹饰方面以绳纹为主，也有部分篮纹、堆纹、网状方格纹、弧形三角纹、划纹。器形方面则主要是平底器，三足器都很少见。有釜灶 、扁壶、大口罐、小口折肩罐、折腹盆、深腹盆、浅盘豆、单把杯、高领尊、碗、钵等，还有深腹罐、盆形鼎、斜腹盆、甑、缸等。

陶寺文化中期，陶器制法依旧以手制法为主，但是此期已经出现了一定数量的轮制陶和模制陶。陶器材质夹砂灰陶占据主流，泥质陶器逐渐减少，泥质彩陶和泥质黑皮陶也渐趋减少。纹饰方面，此期依旧是绳纹占据主力，但在早期鲜少见到的弦纹、网状方格纹等开始增加，弦纹堆纹、划纹等也略有增多。在器形上，陶寺文化中期则出现了全新的陶鬲，早期盛行的釜灶、大口罐等渐趋减少，陶鼎基本上已经没落，陶鬲的出现也说明了陶寺中期烧制技术的进一步发展。

陶寺文化晚期，陶器的制陶手法已经渐趋多元，随着生产技术的提高，此时轮制和模制法更为普遍（图2-1-22）。泥质陶逐步取代了夹砂灰陶，夹砂彩陶、泥质彩陶以及黑皮陶依旧在此期存在。

（a）　（b）　（c）

图2-1-22　陶寺文化“大河上下”陶器

陶寺文化中较有代表性的是成熟的红铜器。铜器的铸造和使用，是社会生产力发展和飞跃的标志，对研究我国铜器的起源和发展、研究冶金铸造史，都有极高的价值。

陶寺出土的木器是迄今中原地区最早的木器标本。这批木器的种类、器形和彩绘与商周时期的漆器有着异曲同工之处，这就将案、俎、盘等许多器物的诞生年代提前到公元前2300年左右；木器随葬品均出自陶寺墓地早期、中期的一些大型墓和中型墓，主要有家具和炊厨用具中的案、俎、几、匣，盛器和食器中的各种盘、豆、斗和勺，饮器中的觚和杯，乐器中的鼓，武器、工具的木柄和木杆、尖头木棍等。出土的木器，除个别例外，一般都着有彩绘。其中，一部分施单色红彩，另一部分以红彩为底，用黄、白、蓝、黑、绿等颜色绘出花纹图案。这些发掘出来的文物，为以后的研究者系统地研究中国古代漆器的发展历程提供了丰富的实物资料。

陶寺文化的早期村落呈现出金字塔式的结构，还没有形成具有整体号召力的聚落。中期，陶寺遗址的规模空前扩大，陶寺遗址中期聚落的面积达到上万平方米，显然成为此时期整个陶寺文化群聚落的中心。此时社会分化进一步加剧，上层的统治较早期时显著加强。晚期是陶寺文化最为发展繁荣的时期。

恩格斯在《家庭、私有制和国家的起源》中指出，“国家是文明社会的概括”。国家的基本构成因素一般包括具有宗教性质的祭祀场所、计算时间测定立法的设施、领导者的住所宫室等。以上这些都是构成王都级别部落联盟聚落的重要标志。从陶寺文化遗址来看，显然它已经初步具备了早期国家社会的基本核心因素。可以说陶寺文化是中国史前时期最具国家雏形、规模最大的原始聚落遗址。因此，陶寺文化的发现对追溯中国古文明的源头具有非常重要的历史价值和研究价值。

二、长江中下游流域新石器时代陶器

（一）大溪文化

大溪文化于1954年首先在四川省巫山（今属重庆）大溪镇被发现，分布在长江中游鄂西、渝东山地丘陵地区、洞庭湖周围和江汉平原的一部分。约在公元前4400～前3300年。大溪文化的陶器以红陶为主，普遍涂红衣，有些因扣烧而外表为红色，器内为灰、黑色。盛行圆形、长方形、新月形等戳印纹，一般成组印在圈足部位。有少量彩陶，多为红陶黑彩，常见的是索纹、横人字形纹、条带纹和旋涡纹。主要器形有釜、斜沿罐、小口直领罐、壶、盆、钵、豆、簋、圈足盘、圈足碗、筒形瓶、曲腹杯、器座、器盖等。另有大量的实心陶球和空心裹放泥粒的陶响球。

对大溪文化的分布、分期、类型及源流关系的挖掘揭开了长江中游史前考古研究的新篇章，目前，学术界公认的大溪文化遗存，主要集中在峡江地区。早期大溪文化处在原始公社时期的私有制的萌芽阶段，晚期私有制已经产生，并出现贫富不均的现象，逐渐形成阶层或阶级，阶级社会的出现促进了大溪文化社会各方面的发展，使得大溪文化的东西两大区域始终保持着均衡向上的发展状态（吴汝祚，1993）。

大溪文化早期陶器以夹砂和夹炭红陶为主，兼有少量灰陶和黑陶。中期陶器以泥质红陶为主，灰陶和黑陶相比早期数量有所增加。大溪中期纹饰特点为瓦棱纹、戳印纹、篦点纹、篦划纹和网纹，彩色纹饰主要有平行纹夹人字纹、涡状纹、弧形三角纹等，最具代表性的为绳索纹、人字纹和旋涡纹。

大溪文化彩陶在早期极为少见，中期彩陶有所增加，晚期彩陶衰退。大溪陶器器形以圈足盘、圈足吮、曲腹杯、筒形瓶和支座（图 2-1-23）等为主要特征。

综观大溪文化早、中、晚三期遗存，可以明显地看出其陶器特征与曲家岭文化有着较强的相似性。这反映出大溪文化与同期其他地区的文化类型有着一定的交流与沟通，其他文化类型中的文化元素在大溪文化中得到融合与改造，这也说明了当时中国各地区的文化类型并不是相互隔绝的，而是有着一定的联系与传播（图 2-1-24）。

图 2-1-23　陶支座

图 2-1-24　大溪文化陶器一组

（二）河姆渡文化

河姆渡文化是 20 世纪 70 年代初考古学家在浙江省余姚河姆渡发现的新石器时代文化遗存，其流域涵盖了中国南方长江下游流域。河姆渡文化遗址是中国史前时代保存最为完整、陶器出土规模最大的文化遗址之一，其具体分布位置在杭州湾的宁绍平原及周边的舟山群岛。经过碳 -14 测定，河姆渡文化的时间为公元前 5000～前 3000 年，属于母系氏族公社类型的原始村落遗址。河姆渡文化的发现让考古学界和历史学界对新石器时代晚期长江中下游流域的文化分布状况有了进一步的认识。

河姆渡文化出土的最重要的遗存便是稻谷种子，这些稻谷都是通过人工栽培所得，稻谷的发现使河姆渡稻谷文化闻名海内外，它有力地批驳了稻谷是由印度传入中国的传统说法，许多考古学家也将世界稻谷种植的最早记录归于河姆渡文化名下（徐昭峰，2006）。

河姆渡文化的骨制品相比黄河流域的文化遗存较为丰富，制作技术也更为进步，出土的骨器类型丰富，有骨制鱼镖、骨制匕首、骨制哨、骨制耜等器物，精美耐磨，制作精细。在这些实用骨器表面雕刻有精美的动物纹和花纹图案，初步具备了审美性质。

图 2-1-25　新石器时代稻穗纹陶钵

新石器时代稻穗纹陶钵（图 2-1-25）通高 16.8 厘米、口径 30.5 厘米、底径 16 厘米，1977 年河姆渡遗址出土，距今 7000～6500 年，夹炭黑陶。河姆渡人创造的原始艺术往往和他们的日常生活是密不可分的。此钵外壁刻有稻穗纹和猪纹图像。丰收的稻穗，生机盎然，沉甸甸的谷粒向两边下垂，让人不由自主地感受到丰收的喜悦。一边的猪纹虽然只剩下了后半身，但仍隐藏不住河姆渡人对大自然所创造的生命的热爱，该钵为浙江省博物馆收藏。

河姆渡文化突出的生活用器以陶器为主，并有少量木器。河姆渡文化的陶器主要为手制，以夹炭黑陶为主，兼有少量夹砂灰陶和泥质灰陶。夹炭黑陶是在陶土原料中添加了炭粉末，这样制作是为了提高陶器的制成品率。主要器形有釜、罐、盆、盘、钵、豆、盉、甑、鼎盆、缸、盂、灶、器盖、支座等，这些器形大部分是实用器具，包括储水器、饮水器、炊煮器等。河姆渡陶器中较为独特的有陶灶和陶盉。陶灶的外形类似簸箕，器表经常绘绳纹与方格纹，少量彩陶灶则通体施加黑色的植物纹，陶灶的主要作用为炊煮防火用，这也是后来的灶台的原型。河姆渡文化出土的陶盉也较具特色，陶盉的作用为饮水器，其形状与酒壶类似，器壁内外通体素面，打磨得极为光滑，制作精美，后代的各种饮酒器也是以这种造型为原始雏形。

（三）良渚文化

良渚文化为新石器时代晚期文化，1936 年首次在浙江余杭（今杭州市余杭区）良渚镇被发现，是我国东南地区新石器时代晚期一支重要的考古学文化，约在公元前 3300～前 2200 年，对中华文明起源的探索具有极高的学术价值。良渚文化的陶器工艺相比早期有了进一步的发展，快轮制法取代了泥条盘筑法，烧制出的陶器数量众多，种类繁杂。出土陶器以黑陶（包括灰胎黑皮陶）数量最多。

良渚文化黑陶黑而有光，陶胎细软，造型规整，器物表面多打磨光滑，显得素洁高雅。多以轮制。典型陶器的种类有鼎、豆、圈足盘、双鼻壶、宽把带流杯和小口高领瓮等。圈足器特别发达是其特点。技术及风格器形与龙山文化相近，典型器皿有柱足盉、高圈足镂孔豆、高颈贯耳壶、豆、盘、盂、鼎（图 2-1-26）、簋、壶等。

图 2-1-26　扁足陶鼎

良渚文化陶器的纹饰风格与仰韶文化的朴素大方稍有不同，纹饰风格较为工整纤柔，纹绘主要是几何纹，兼有弦纹以及多样的镂孔纹等。良渚文化也出现了一部分彩绘陶，在薄而黑或黄黑色陶器上绘以棕红或黄色纹样。出土陶器中又多以泥质轮制的黑陶为主，良渚陶器的精美性和工艺水平在同期的中国陶器文化遗址中只有龙山文化可以与之相媲美，龙山文化与良渚文化的主要成就都是黑陶（冯义雄，2011），因此，黑陶是判别良渚文化的重要标志。

图 2-1-27　良渚陶豆

良渚文化晚期，主要的陶器种类有陶罐、陶豆（图 2-1-27）、陶鼎、宽把陶杯、陶壶等，器物个体较大。从总体上来讲，良渚文化时期陶器的个体呈逐步增大的趋势，种类和形态渐趋多样和精细，表明随着时间的推移，陶器的制作工艺水平进一步完善，手工业逐步发展。

种类多、制作较早、中期更为精细。在器物的形态上、精细上更加强调实用性，这也就使得良渚文化晚期的器物与中期相比更为完善。

良渚文化是最为繁荣的新石器时代晚期区域文化之一，它对于探讨中华文明的起源以及人类早期社会复杂化进程的普遍规律具有重要意义。有学者认为良渚文化作为新石器时代中国东南地区最具代表性的文化，是夏、商、周三代文明的重要组成部分，它所处的时代承接了新石器时代和青铜时代的过渡时期，是华夏文明的重要开端（王心喜，2009）。

（四）屈家岭文化

距今约4800～4600年前位于湖北省京山县的屈家岭文化是中国南方新石器时代的重要文化遗存，主要分布于江汉平原。它于1954年由中国社会科学院组织的考古队发现。

屈家岭文化根据出土陶器的类型可以分为早期与晚期两个时间段。两者具有明显的承接关系，晚期文化是在早期文化的基础上进一步发展而来（王劲，2010）。早期屈家岭陶器文化以黑陶为主要代表，泥质黑陶较多，整体文化面貌与黄河流域有着明显差别，甚至与长江中下游洞庭湖南部的文化遗存也有所不同。但无论是从陶器谱系、纹饰特征还是器形方面，曲家岭文化与位于湖北省京山的油子岭文化较为相似，具有较为显著的承接关系。比如泥质黑陶、泥质灰陶都占据主导地位；陶鼎、罐、壶等器物上均绘有丰富的弦纹和方格纹；手制法为主要制陶方法，快轮制法正逐步普及等。

从出土的文物资料来看，屈家岭文化的制陶手法依旧处于传统的手制阶段，但也出土了少量轮制陶器，说明此时快轮制法已经出现。屈家岭陶器主要以泥质陶器为主，兼有少量夹砂陶。灰陶数量最多，兼有少量红陶及黑陶。屈家岭陶器器形主要有高圈足杯、三足杯、圈足碗、长颈圈足壶、折盘豆、盂、扁凿形足鼎、甑、釜、缸等，其中圈足器、蛋壳彩陶杯、三足器、陶碗等最富代表性（图2-1-28）。出土陶器大部分素面，少量饰以弦纹、浅篮纹、瓦楞纹、刻划纹及镂空装饰镂孔等。有部分彩陶及彩绘陶，有黑、灰、褐等色彩，纹样以点、线状几何纹为主。

屈家岭彩陶的纹饰特征较为明显，与仰韶、大溪等具有流程优美线条的彩陶相比，屈家岭彩陶的纹饰不讲求线条的准确性，而是着重于色彩的涂绘。陶坯有红、白色，在施加陶衣后用黑彩或者赭彩描绘出纹路，主要纹饰有网状纹、条形纹、弧形三角纹、圆点纹等。除了彩陶之外，另外也发现了数量较丰富的纺轮，纺轮的横截面有条形、椭圆形等形状，一般都先施加白黄色陶釉，接着用赭彩涂绘出弦纹、平行纹、网状方格纹、卵点纹等纹绘。

（a）（b）（c）（d）

图 2-1-28　屈家岭彩陶

三、滇藏地区的陶器

滇藏地区著名的“茶马古道”是我国西南民族经济文化交流的走廊。在山林环绕的谷地山坡中蜿蜒穿行的古道，随着香格里拉尼西乡汤堆村藏族黑陶手工艺的变迁，使民族黑陶手工艺的地域特色在民间传承。

滇藏地区居民以农耕为主要生产方式，在农闲时期也会开展制陶业，随着规模的逐渐扩大，制陶成为部分滇藏村民的经济收入来源。尼西黑陶被称为“原始制陶方式活化石”。尼西黑陶造型讲求实用，具有丰富多样的装饰风格，其手法主要采用浅浮雕、拍印、镶嵌等多种手段，有些黑陶器表经常将多种装饰手法合为一体，难度极大，但却显示了尼西黑陶工匠的高超技艺，极具地域特点。

滇藏尼西陶器的起源可以追溯到西周时期，距今有 2000 多年。起源地汤堆村位于云南西北部的山谷中，该地区常年阴冷潮湿，全年温差极大，非常不适宜农业耕作技术的推广，交通以及经济发展常年维持在较低水平，因此在农耕水平欠发达的情况下，汤堆村着力发展藏族黑陶手工艺（图 2-1-29 和图 2-1-30）。独特的地理和气候环境对尼西黑陶的影响是巨大的，保证了黑陶手工艺的传承与发展，时至今日，汤堆村已经成为国内外著名的藏族黑陶手工艺村，被许多人称为“土陶村”“黑陶村”。

藏族火塘文化、宗教文化及生活所需要的器皿，因地域经济条件所限，大部分使用制作成本低、质地优良的黑陶器皿。黑陶材质具有导热性快、散热慢、保温性良好的特性，同时黑陶在每次蒸烤之后会越来越乌黑透亮，色彩非常漂亮，这些特性都与藏族火塘文化属性和高寒的自然环境相适应。藏族人民选择黑陶既是生存上的需要也是文化上的需要。藏族是一个宗教归属感很强的民族，在宗教祭祀活动中，汤堆村民认为黑陶是在火与土的交融中产生的，它利用了大自然最基本的几种元素，对向来崇拜自然神灵的藏族村民来说黑陶更蒙上了一层神圣的

（a）

（b）

图 2-1-29　尼西黑陶传统日用器皿

（a）

（b）

（c）

（d）

图 2-1-30　佛事宗教用品——尼西黑陶

宗教意味和天然灵性。所以可以看到，在宗教活动中会出现大量黑陶制成的盛水罐、饮酒罐、陶锅、烤火盒、酥油茶壶、酥油灯、香炉等黑陶器皿。

在滇藏地区，不仅藏族人民喜欢使用黑陶，生活在周边地区的纳西族、摩梭人、傈僳族等少数民族也对黑陶情有独钟。黑陶文化和火塘文化在这片土地上的影响力和辐射力可见一斑。黑陶文化与茶马文化也有着相互融合的关系，藏族、摩梭人、纳西族等人民生活中常见的饮酒器、茶碗、酥油壶、饮茶壶等均是茶马古道中售卖的商品。这些生活工艺器皿自古至今就未曾中断黑陶手工艺的延续，并成为这些民族日常生活中必不可少的器皿。这些都是滇藏地区少数民族给世人留下的丰厚的文化遗产。

从该区的地理和资源条件来讲，滇藏地区拥有大量黑陶所需的足够数量的松柴、陶泥。汤堆村藏族黑陶手工艺的延续传承得益于陶泥原料和松木原料的保障。尼西黑陶主要以勃土为制作原料，在一系列精细的烧制工序后，陶器材料质地非常坚硬并富有光泽、透亮。藏式陶器传统上就以黑色为涂绘颜色，到了现代，随着制作工艺的完善，藏式黑陶既融合了传统制法的核心技术也添加了现代工艺，综合了藏传佛画的艺术表现力和云南藏区雕花添彩工艺，使得藏民族的艺术风貌跃然于黑陶上。

传统的藏族陶器以生活器皿和宗教祭祀用具为主，具有浓郁的藏族风格，而彩雕和黑陶则融合了云南地区多民族的风格。从陶艺的器形来看，绝大多数为造型各异的花瓶，数量最多的是家居功能型陶器，如兽耳博古瓶、美女瓶、葫芦瓶、玉兰瓶、蒜头瓶、鹅柄龟兽壶、蘑菇壶、树根壶、瓜形壶。纹样以传统的梅、兰、竹、菊为基础图案，视觉所及范围的自然风光也能体现在黑陶的刻画当中，形成了崇敬黑陶和以黑陶为荣的民族自豪感和民族自信心。

第二节 中国传统黑陶形式演变历史

陶器被认为是人类社会最悠久的造型艺术品，这种兼具实用性与审美特征的物品曾经在中国历史上闪耀出灿烂夺目的光芒。中华文明的起源，一直是史学界和考古界关注的重大课题。从考古学上衡量文明有三条标准：一是要有城市；二是要有文字；三是要有复杂的礼仪建筑。中国最早的陶器可以追溯至距今10000多年的旧石器时代晚期的灰陶，到了仰韶文化、龙山文化、大汶口文化、二里头文化的新石器时代晚期达到了陶器发展史上的第一次高峰，商代的白陶、西周的硬陶各具特色，经过春秋战国时期的短暂衰落后，活灵活现的陶俑、釉陶标志秦汉两代陶器艺术的复兴，而在唐三彩与明清紫砂壶的映射下，陶器完成了它的最后一次绽放。

一、新石器时代

陶器在中国原始社会的人类生产生活中占据了重要地位。中国大约在距今12000年就出现了原始陶器，公元前9000～前8000年在中国北方，河北徐水南庄头发现的最早陶器多圜底，中国北方早期的陶器多平底，陶器的制作方法、装饰手法有明显的差异，据此可以说明陶器的起源是多元的（李家治，1978）。

原始社会物质生产水平的低下使得人类在制作任何物品时都带有浓重的实用主义色彩，陶器也不例外。无论是彩陶、黑陶、灰陶，还是手制陶、模制陶，它们被设计出来的目的主要是满足人们实际生活的各种需要。因此，实用性始终是新石器时代陶器制作首要考虑的因素，而审美性则摆在了次要地位。这也是为什么以现代审美价值角度去分析陶器会产生误读的原因。很多在现代人看来十分怪异甚至丑陋的陶器形制，恰恰迎合、满足了原始人类的需要。因此尽管当时中国各地区产生了不同类型的陶器文化系统，但无论是在器形规制、纹饰特征、制作工艺等方面都大同小异，都体现出简洁明快、稚巧朴拙的整体特征。

如何更好地获取、储存食物以维持基本的生存需要始终是原始社会人们的首要核心任务，基于此种功利性和实用性色彩，陶器烧制由此诞生。从陶器的初创期新石器时代便可以看出当时的陶器主要为三足器或四足器（刘冠峰，2007）。三足器或四足器在鼎、鬲、鬶等器形中较为明显，从底足的设计数量就可以看出其带有的强烈实用性特征（图 2-2-1～图 2-2-3）。比如公元前 4000～前 2200 年大汶口文化出土的彩陶钵形鼎、红陶兽形鬶等。约公元前 4000 年，位于长江中下游一带的马家浜文化出土了大量的炊器陶（图 2-2-4），主要为腰沿釜。这种腰沿釜圆底无足，宽大的圆口可以增多烧煮的食物量。稍晚出现的山东龙山文化则出土了相当数量的三足空心陶器，这在鼎、鬲、鬶等器形中较为明显，从底足的设计数量就可以看出其带有的强烈实用性特征。

图 2-2-1　广富林文化袋足陶鬶

图 2-2-2　马家浜文化陶鬶

图 2-2-3　兖州吴寺出土的白陶鬶

图 2-2-4　马家浜文化陶器

在原始社会，并没有出现后来的椭圆形灶具，人们的烹饪方式主要是在平地上将食物放在柴火堆上进行烹制，这是一种沿袭了千百年的烹制方法。将陶器设计成三足或者四足，显然是为了使器皿有足够的支撑点，以便于将食物放入器皿中进行烧煮。当时为了饮食的便利，人们将陶鼎改造成陶鬲，将原来的实心足变为空心足，大大减轻了陶器的重量，底部中空的设计使陶器在烹制食物和煮水时扩大了受热面积，实心变空心则加快了受热速度，缩短了烹饪时间。三足造型的陶鬲不仅提高了烹制条件，而且因其稳定丰满的器形而透露出些许独特美感。

距今约7000～5000年的仰韶文化，是中国新石器时代末期最为重要的考古文化。仰韶文化划分为4个时期、4个主要地区和8个类型。

1）半坡类型，以西安半坡遗址的早期遗存为代表。

2）庙底沟类型，因河南陕县（今陕州区）庙底沟遗址而得名。

3）西王村类型，以山西芮城西王村遗址的上层为代表。

4）秦王寨类型，或称大河村类型。

5）后冈类型，以安阳后冈遗址下层为代表。

6）大司空村类型，因安阳大司空村遗址而得名。

7）下王岗类型，以河南淅川下王岗遗址早一、早二期遗存为代表。

8）史家类型，以陕西渭南史家遗址为代表。

已出土的仰韶时期的各类彩陶代表了当时中原陶器文明的最高水平。仰韶时期的制陶业较为发达，无论从对陶土的选择、陶坯的烧制或陶窑的建造等方面都形成了一套成熟完备的制陶工序。当时的制陶原料主要为黏土。制陶基本采用手制，泥条盘筑法是仰韶时期主要运用的制陶方法，制作出来的陶器敦厚朴实。从目前出土的各类彩陶来看，仰韶时期的陶器主要为红陶，兼有少量灰陶和黑陶。而在众多的红陶当中以细泥陶工艺最为出众，细泥陶胎体呈红色，胎表面绘有各式各样的几何图案和动物图案，这也是仰韶彩陶最为显著的特征。仰韶彩陶的器形种类也较为丰富（图2-2-5和图2-2-6），有钵、盆、小口尖底瓶、细颈壶、水罐等规制不同的器形，其目的都是尽可能多地储存、烹制粮食和水。

图2-2-5　彩陶网格纹双耳罐

图2-2-6　马家窑彩陶种子纹束腰盂

1958年于陕西临潼出土的小口尖底瓶就是该时期极具实用特征的汲水器（图2-2-7）。该器呈小口，腹身较大，底部又被设计成尖底，腹身两边各有一个耳环状抠手。这种尖底瓶造型从设计到烧制都充分考虑了汲水的实用需求，它充分利用了力学上的规则，保持加水后的重心变化，这样能够让水源源不断地进入瓶中。从仰韶彩陶整体的纹饰风格来看，无论是半坡类型、马家窑类型等都大同

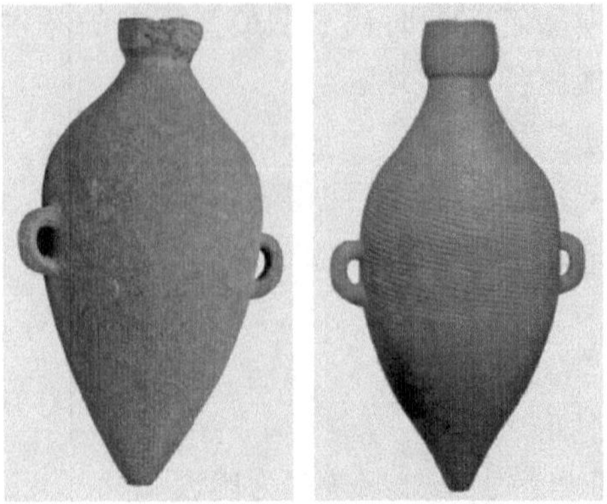

（a）　　　　（b）

图 2-2-7　小口尖底瓶

小异，基本上都是以几何纹饰和动物纹饰为主，几何纹饰大多为紫色、红色的交叉线条图案，动物纹饰则以人面鱼纹、鹿纹、蛙纹、鸟纹等为主体，纹饰生动逼真、栩栩如生（图 2-2-8）。

距今约 4800～4300 年的山东龙山文化则是原始社会时期较具代表性的陶器文化，其主要分布于黄河中下游一带，以出土的精致美观的磨光黑陶为主要代表。龙山文化陶器的器形主要有杯、碗、罐、鼎、鬲、器座等，主要作为高级礼器使用，因此每一件黑陶做工都相当精良，也更加弥足珍贵。与仰韶彩陶相比，龙山文化陶器的器形更为丰富，做工更加精美。从研究得到的资料来看，龙山文化中期以前该地域的制陶手法主要为泥条盘筑法，这种烧制方法较为原始，在烧制过程中陶器内壁会有泥条盘筑的痕迹，制作出来的陶器外形敦实厚重，缺少光泽。从龙山文化出土的陶器来看，陶器胎体圆润亮泽，造型

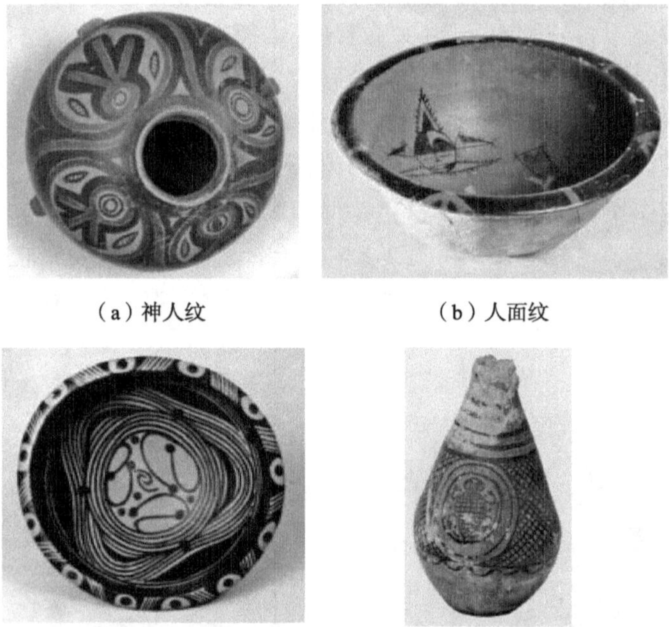

（a）神人纹　　（b）人面纹

（c）彩陶钵　　（d）蛙纹

图 2-2-8　以几何纹饰和动物纹饰为主的彩陶

浑然一体，工艺手法已经有了很大提高，说明此时已普遍使用了更加先进的轮制手法，同时模具技术的进步也使得该时期的陶器更加规整和美观，胎壁逐渐开始向薄壁化发展。

龙山文化出土的黑陶，器形多呈正圆形，胎体极薄且匀，具有黑、薄、光等特点，故有“蛋壳陶”之誉（图 2-2-9）。相比于纹饰灵动多变的仰韶文化陶器，龙山文化陶器的纹饰特征则显得简洁朴素。由泥条盘筑法制成的早期龙山陶器外壁留有编制纹、几何纹以及少量动物纹，除此以外并无过多的外部修饰。由此可以看出，龙山文化黑陶并不注重纹饰图案的选择和描绘，它更加注重圆润简洁的胎体风格和样式多变的整体造型。

图 2-2-9　蛋壳黑陶杯

原始社会时期人们对于陶器造型的概念较为模糊，塑形技术的不发达导致其无法创造出更多形态的陶器器形，因此远古人类对于陶器器形的认识基本上是以自然物为主，模仿痕迹较浓。很多陶器器形具有明显的仿生学特征。这种从自然物体形态出发的造型模式，均可以作为原始陶器造型来源的有力证据。当陶器器形脱离了原始的稚嫩之后，才逐渐走上一条自我风格化之路。

以黄河流域的仰韶文化为核心体系，以散布在四周的山东龙山黑陶文化、山东泰安大汶口文化、甘肃秦安大地湾文化、长江中下游流域的余姚河姆渡文化、浙江杭州良渚文化等为依托，大体上形成了新石器时代末期的中国原始文化体系。中国新石器时代晚期的实用陶器器形主要有汲器、炊器、食器、饮器。汲器包括尖底瓶、背水壶，炊器包括罐、鼎、鬲、釜、甑、灶等，食器包括碗、钵、簋、盘等，饮器包括爵、觚类，还有各类其他杂器。在每一个地域的文化中都有着风格独特的器形样式，它们一起构成了中国新石器时代末期灿烂的陶器文化。原始人类就是在不断的实践中积累了丰富的制陶经验，所发展出的器形样式也渐趋多元化。

图 2-2-10　河姆渡猪纹陶钵

猪纹陶钵（新石器时代河姆渡文化），尺寸：口边长 21.7 厘米、宽 17.5 厘米，底边长 15 厘米、宽 13.5 厘米、高 11.7 厘米、厚约 1.1 厘米，浙江省博物馆收藏（图 2-2-10）。此器为夹炭黑陶，刻着一只长嘴、高足、腹稍下垂的猪，圆角长方形，器表打磨光亮，内壁较粗糙，有条状横向磨擦痕迹。长边两侧各阴刻一猪，长嘴，竖耳，高腿，短尾，粗鬃，腹略下垂。刻纹线条流畅、刚劲简练。猪的腹部均运用了阴刻重圈和草叶纹等装饰纹样，这类纹饰常见于河姆渡文化。两侧猪首朝向相异，纹样不完全一致，其一稍小且纹饰也较简，这种对称动物纹略有繁简的现象也常见于河姆渡文化的各类器物上。猪是人类最早开始驯养的家畜之一，此陶钵上描绘的形象尚可见较多的原始性，反映了野猪向家猪的转变，为研究当时人们的生活提供了宝贵的线索。夹炭黑陶是河姆渡文化的代表元素，而此陶钵竟能如此完整地保存下来，实属不易，称得上河姆渡文化最具代表性的器物。陶器饰面上以农业为题材，反映当时社会经济生活状态。

由此观之，整个原始社会时期的陶器文化，不论它隶属于哪一个特定地域抑或是哪一种文化遗存，人们对陶器的造型设计归根结底都是为了更好地服务于实用目的，即便是对陶器纹饰图案的描绘也是为了迎合未来对风调雨顺、丰衣足食生活的功利性追求。因此，在原始时代，纯粹地为了美观和趣味而设计的陶器器形或纹饰图案几乎不存在，这就在很大程度上解释了当时为何会出现相当数量的造型样式颇为怪异的陶器器皿。制陶技术快速发展，流行泥条盘筑法，满轮修整技术普及，部分地区开始出现轮制技术，陶器颜色仍以红色为主，色泽纯正。随着时间的推移，黑灰陶比例逐渐增多。装饰手法多样，黄河流域彩陶流行。仰韶文化是黄河流域发现最早的一支新石器时代文化，良渚文化和马家浜、河姆渡晚期制陶业已经发展到成熟阶段，造型规整、装饰美观，烧制火候较高。

图 2-2-11　尊为盛酒器

图 2-2-11 为尊为盛酒器，器物造型如一只蓄势待发的鹰，形状与鹰的两腿和尾巴浑然一体，自然地形成“三足鼎立”。具有稳定性的同时空心的腿部加大了承载的容量。新石器时代以鸟类造型的陶器目前仅见此一件，是原始制陶工艺的杰作。

图 2-2-12　黑陶单把杯

图 2-2-12 为新石器时代晚期黑陶单把杯（故宫陶瓷馆），杯呈筒形，腹间微收，轮制而成。杯身一侧有扁形把，便于持拿。平底，杯身均匀地分布三道弦纹。此杯具有典型龙山文化黑陶的特点，器表漆黑如墨，器壁薄如蛋壳，反映出当时高超的制陶技术。

黑色、黑灰色磨光陶流行，风格素雅凝重，快轮制陶技术迅速普及，制陶技术突飞猛进，范模制陶工艺快速发展。

二、夏、商、周三代

目前二里头文化初步认定为夏代或早商时期的文化遗址。二里头文化早期陶器的形制、类别与器表纹饰、陶器特征仍是折沿平底、三实足和圈足器为主的发展体系，基本上承袭河南豫西地区龙山文化晚期的陶器发展而来。

图 2-2-13　夏代二里头陶砂质罐

陶器的质料仍以砂质和泥质灰陶（深灰或黑灰）为多（图 2-2-13），并有一些黑陶（包括黑皮陶）、棕灰陶与红陶，白陶与硬陶很少。陶器成型技术基本都是轮制，兼有一些模制与手制。纹饰类型有回纹、云雷纹、涡旋纹、叶脉纹、圆圈纹、花瓣纹和人字纹等。从二里头文化出土的陶器类型来看，它在继承了原始社会末期的陶器特征基础上有了更进一步的发展，反映出社会变革时期的强烈时代特征。

二里头一、二期夏代陶器的器形主要以泥质灰陶和夹砂灰陶为主，制作手法比新石器时代晚期有了明显进步，质地也较为精良。泥质灰陶主要作为饮酒器使用，而夹砂陶则多用作炊煮器皿。陶器在弱还原环境中烧造形成的灰陶是因为氧化铁不能被充分氧化，因而呈现出氧化亚铁的颜色。灰陶于新石器时代中期已经出现，在商代有较大发展，产量很大。

图 2-2-14　二里头出土附加堆纹陶鼎

夏代陶器的纹饰主要有篮纹、网状方格纹、绳纹，还发现一些通体素面的磨光陶器。有些磨光陶器上面也施加回纹、涡状纹、云雷纹等。器形则以三足器、平底器为主，见图 2-2-14。夏代陶器的烧制技术有了一定的进步，目前已经发现了几处能够耐受更高温度的馒头窑，馒头窑能够承受更为剧烈的高温，使得烧制出来的陶器更加坚硬，质量更为精良。夏、商、西周时期，今甘肃、青海等地主要有羌、戎狄部族，此地分布着齐家文化、四坝文化、寺洼文化、辛店文化及卡约文化等青铜时代的遗存。

夏代陶器原料主要为陶土并混有砂土，彩陶较少，多为单色灰陶和黑陶。陶器器形种类繁多，有鼎、壶、盉、觚、鬶、爵、罐、角和杯等，并在此基础之上出现了诸如圜底盆、大口尊、方鼎等新型器形，使得夏代的陶器风貌明显区别于前代，见图 2-2-15 和图 2-2-16。经过了夏代早中期陶器器形的纷繁变化，到了夏代末期呈现出了规整、浑厚、稳定、统一的发展趋势。器形风格的变化反映出社

图 2-2-15　二里头出土陶盉

图 2-2-16　二里头龙纹透底器

会更替的时代特征，原始社会时期的人们更加注重陶器的实用性，因此会生产出形态各异的陶器器形，而到了夏代青铜礼器的崛起以及对神秘主义的崇拜则使得陶器的器形风格体现出浑厚质朴、刚强雄健的美学气质。器形的稳定也使得夏代陶器在造型风格上发生转变，大量规整统一的方形陶鼎的出土证明这一时期的造型风格力图追求规整、有序、沉稳的格调。

新石器时代末期的陶器大多以各类动物为造型蓝本，写实的同时又不失象征意味。夏代的陶器造型则逐渐开始向抽象性风貌转变，夏代陶器的整体造型呈现出写实性和抽象性相融合的趋势，整体造型上写实与抽象并存。细尖足底逐渐取代了类似动物的袋状足底，整体器形几乎很难发现动物形态的痕迹。夏代先人崇拜鬼神，使得礼器开始大规模兴起，这时的陶器制作呈现出实用性与审美性相融合的特征。生活用具依旧是以实用性为主，但此时或多或少加入了当时流行的审美趣味。制陶工匠们也开始注重整体的美感度和风格化。礼器的制作则尽力避免实用色彩，更加注重礼仪性和审美性，反映出夏代人意识形态中的神秘主义因素。

承接夏代的商代是青铜器大放异彩的时代，此期的陶器也依然普遍流行。在长江中下游地区的早商遗址中，发现了许多印纹硬陶残片，说明印文硬陶在商代普遍流行。刻纹白陶出现于商代晚期，形体规整，造型、纹饰均模仿同时期的青铜器，属于王室和贵族的专用品。白陶在商代流行与史书记载商人在颜色方面“尚白”有密切关系。普通百姓最主要的日常生活用器，其造型和纹饰多模仿当时的青铜器，其中以灰陶的产量最大。除了白陶以外，商代还烧造灰陶、红陶、黑陶、印纹硬陶等（图 2-2-17）。

（a）　　（b）　　（c）

图 2-17　新石器时代晚期的印纹陶器

印文陶根据出窑温度的不同可以分为印纹软陶和印纹硬陶。刻划纹饰有篮纹、方格纹、叶脉纹。纹饰种类少，主要有方格纹、游涡纹、重圈纹、曲折纹、网纹、编织纹、水波纹。印纹软陶烧制温度要求较低，一般流行于新石器时代晚期和夏代，软陶一般呈现出红褐色或者灰白色。印纹硬陶的烧制工艺则稍晚出现，硬陶的质地相对于软陶更为细腻、坚硬，需要更耐高温的陶窑进行烧制，所生产出的硬陶多呈灰褐色或紫褐色。商代时期各种手工艺技术在夏代基础上有了进一步发展，于是官方逐渐开始设置专门机构负责陶器、青铜器等的生产。商代工艺分为六种，其中土工专于制造陶瓦之器，六工之中以土冠首。商代早期陶器的品种比夏代进一步增多，纹饰图案也逐渐从规整统一的风格中略求变化，加入了多种动物纹和几何图案。

商代中期随着制陶技术的进一步发展，出现了白陶、印纹硬陶、原始瓷器等新品种。商代中晚期盛行白陶，白陶主要是指器表胎体呈白色的一种陶器，通常使用含铁量较低的瓮土烧制，烧制后在器壁上刻画以饕餮纹为主的纹饰图案。商代后期白陶工艺达到高峰，其分布范围较为广泛，以河南安阳殷墟中的白陶出土数量最多，与以往的红陶、黑陶、灰陶等相比，白陶无论是在耐火度、坚硬度还是在吸水性等方面均具有显著的优势。

图 2-2-18　商代白陶雕刻饕餮纹双耳壶

图 2-2-19　商代白陶刻纹豆

河南省安阳出土的商代白陶雕刻饕餮纹双耳壶是这一时期白陶艺术的代表（图 2-2-18），该白陶通体洁白，器形收敛口，器腹微鼓，圈足，口下有双耳，器身通体刻画当时流行的饕餮纹，图案清晰自然，在造型上和纹饰风格上与商代青铜器极为相似。与分布广泛的白陶不同，印纹硬陶器悄然流行于江南地区，印纹硬陶的质地要比泥陶更加坚硬，由于所用原料含铁量较大，因此烧成温度也相对更高。商代后期的白陶刻纹豆是白陶与印纹硬陶结合的完美代表，见图 2-2-19。该陶器借鉴了青铜器的雕刻手法，通体雕刻饕餮纹和变形回纹饰，形体线条刚劲有力，极富神秘感。商代晚期刻纹白陶的创制和使用，是中国制陶工艺发展史上的新成就。白陶的硬度、耐火度和吸水率都较以往的陶器有了大幅度提高，所以我们说白陶是陶器向瓷器的飞跃。

印纹陶的制作工艺主要分为手制法、轮制法、模制法，纹饰大多为方格纹、弦纹、绳纹等。工匠们为了能够烧制出更坚固耐用、不易变形的陶器，于是就用印模在陶坯上压印出纹饰。因此印纹陶的制作起初具有很强的实用性，且器形大多为生活器皿，比如储水罐、陶瓶、豆、盘、钵等。印纹陶在商代发展较为迅速，与夏代相比，不仅数量上大幅增加，而且器形种类丰富、纹饰风格多元。

图 2-2-20　商代黑陶朱彩兽面纹钲

夏商时期，陶器的深入发展带动了陶器器形的形态演变，这个时期主要以礼器为主，拥有陶器质量的高低和数量的多少决定着家族或者个人社会地位的高低。

商代的青铜文化非常繁荣，商代青铜器分为礼器与实用器皿，礼器的制作工艺非常考究，也影响到了陶器的制作（图 2-2-20）。在商代晚期出现了模仿青铜造型工艺的白陶。纹饰上具有较明显的青铜纹饰风格，主要绘有饕餮纹、云雷纹、夔龙纹等。与青铜礼器一样，白陶也多用于宗教祭祀，其与青铜器共同构成了神秘威严的鬼神崇拜文化（图 2-2-21）。

图 2-2-21　商代陶斝

西周时期，一些主要的手工业生产都有比较显著的进步。东周云纹兽首提梁黑陶盉造型构思独特（图 2-2-22），是青铜文化与黑陶的有机结合，文化内涵丰富，且制作工整，形体优美，集刻、划、捏塑等装饰手法于一体，巧夺天工，极为罕见。同时具有浓厚的地域时代特色，是研究东周时期长江以南地区的历史文化和生活习俗的重要实物资料。

图 2-2-22　东周云纹兽首提梁黑陶盉

三、春秋战国时期

东周时期，分封制的弊端日益显露，各诸侯国逐渐强大，不再顺从周王室的统治，中央权威日益减弱。春秋战国时期是中国古代社会动荡不安的阶段。从意识形态层面上，中央权威的减弱使得思想界形成了诸子百家争鸣的态势，是中国古代第一次思想大解放，儒家、墨家、道家、法家等相继登场，学术思想异常活跃。此期的百家争鸣使得中国人从先秦时期的神秘主义、蒙昧主义中解脱出来，逐渐形成了理性主义倾向，真正开启了华夏民族的思想觉醒之路。儒家、道家、法家的互融互补成了春秋战国最主要的一条思想路线，影响了后世几千年的学术路径。

西周和春秋时期，伴随着青铜器和铁器开始大规模生产，陶器的品种和实用价值逐渐降低，纹饰图案上那种神秘氛围极强的饕餮纹逐渐消失，图案趋向单调化和平淡化，春秋时期有些陶器表面甚至通体无纹。夏商时期尚有几十种不同类型的陶器，而到了西周、春秋时期则减少为十几种，春秋时期礼崩乐坏，礼器大为减少，陶器大多为日常器具，同时建筑用瓦也以陶土烧制。此期的陶器用料以泥质陶为主，夹砂灰陶次之，另有少量夹砂红陶和夹砂棕陶。常见器形主要为各种日常炊器、食器、盛器。陶器的造型以平底器和三足器为主（图 2-2-23），有少量圈足器。尽管整体看来，此期陶器逐渐被更为先进的瓷器、青铜所取代，但印纹硬陶器依旧在这一时期得到发展，1973 年于江苏省吴县出土的硬陶兽形耳罐比较具有代表性，尤其是腹两边的双耳与前代相比更加具有装饰性，可以看出当时工匠刻画细节的水平有了进一步的提高。

图 2-2-23　春秋时期云雷纹兽首方耳三足陶鼎

图 2-2-24　战国时期朱绘陶盨

春秋战国时期的陶器工艺，主要表现在印纹硬陶的进一步发展以及瓷器的拓展。此期人们逐渐从鬼神崇拜的原始信仰中解脱出来，具有浓郁神秘主义的礼器渐趋没落，取而代之的则是精巧美丽的家用器皿，主要有暗纹陶、彩绘陶（图 2-2-24），另外仿青铜纹饰的彩陶也较为普遍。装饰手法更加丰富，比如磨光、暗花、线刻等，这与当时人们的思想转换和审美风尚的改变不无关系。春秋战国时期也是生产力大幅提高的时期，铁器逐渐取代青铜器成为主要的生产工具，人们的建筑水平更为精湛，此期的建筑用陶有了进一步发展，陶瓦当、铺地砖模压着各种几何形、鸟兽形纹饰，壁面砖装饰和作杆用的栏板砖都出现于战国时期。

周王室东迁后的春秋时期，陶器造型在新形势下面貌一新，礼器簋、鬲、盨、簠、盂等数量有逐渐减少的趋势，实用器皿逐渐增加。从造型上来看，附耳、圆环形捉手、内侧有凹槽的实心蹄形足，均显示出实用性的增强。

四、秦汉时期

秦汉两代是中国古代历史上的第一个盛世时期，公元前221年，秦始皇灭六国建立秦朝，标志着中国大一统时代的到来。随后汉朝建立，经过多年的休养生息，北击匈奴，南平巴蜀，国力日益强盛，此期中国与罗马帝国并称当时世界上两大帝国。意识形态方面，秦汉两代更加强调中央集权的重要性，改变了春秋战国时期治理思想过于混乱的问题。秦代严行法家治理思想，汉代则“罢黜百家、独尊儒术”，形成了较为稳定的思想学术框架，为后来的大汉盛世创造了条件。秦汉时期的美术有着一种质朴、稚拙而又大度的时代特征，不同门类的美术制品往往包含着不可替代的价值。纵观历史，不同时期的陶瓷器物，在一定程度上显示了当时的社会文化和科学技术，其独特造型与装饰艺术也展示了当时人们的美学观念。陶艺方面，在经历了春秋战国时期短暂的衰落后，陶器在秦汉时期再一次获得了新生。

秦汉时期的制陶业出现了官办和民办两种不同机构，官方制陶机构主要烧制瓦当等建筑材料，而私人作坊内则主要烧制日常用具。秦汉时期的陶器以泥质灰陶最多，兼有泥制红陶和夹砂灰陶等。秦汉两代丧葬风俗盛行，殉葬品多为陶器以及陶俑，秦代最为著名的陶器制品当属兵马俑（图2-2-25），此规模浩大的超级工程一经发现便震惊世界，人们惊叹于形态各异的士兵、武官和战马的同时，更惊叹当时的制陶工匠水平之高。兵马俑的制作工匠基本上来自官方和私人制陶机构，目前在陶俑上发现了不少工匠的名字。官方和私人机构的工匠制作风格迥异，这在某种程度上反映出官方和民间技术和审美风貌上的差异。而从制作工艺来说，兵马俑大部分采用陶冶烧制的办法，当时的建模技术日渐成熟，已经可以准确地真实地制作人形胎模。工匠们先做出初胎，再添加

图2-2-25　兵马俑

细泥进行加工添色。烧制的过程也有讲究，必须维持火候的均匀稳定才能使人俑整体造型和谐统一，然后将烧制出的俑头、俑身、手部等零件组合在一起，士兵身上的铠甲则是工匠们直接在上面亲手雕刻而成。整个兵马俑群和陶马群在工匠们的妙手之下，统一之中呈现出各自的不同，庄严肃穆又不失灵动优雅，绝对堪称人类陶艺史上的奇观。

秦代的陶器制作摆脱了过去官方主营的模式，逐渐扩展到了民间。私营陶艺作坊所制作的陶器品种繁多，风格多变。秦代陶器既有仿商周青铜器的陶鼎、豆、钵，也有具有纯粹陶器美感的双耳陶罐、三足陶壶等器形。秦代陶器以大量造型生动、风格写实的陶俑著称。陶俑是模拟人形的陪葬物，它取代了原来殉葬真人的残忍人殉制度，陶俑的出现也是一种社会风气更为道德化的表现。纵观整个秦代陶俑可知，它不仅体现了当时工匠近乎神奇的高超制作工艺，更反映了汉人那种自信豪迈、雄健有力的民族自豪感。汉代陶俑承接秦代兵马俑，在风格与制作工艺上都大同小异，不过在陶俑整体规模上要比秦代小得多，同时汉代也出现了许多女性陶俑形象，大多为彩绘，彩绘陶俑是将烧成后的素体俑进行敷色，造型优美生动，色彩瑰丽多变。汉代陶俑在气质上比秦代陶俑更为生动自然，秦代陶俑过于注重写实与古拙美，汉代陶俑则表达了另一种亲近生活的美学情趣。到了东汉时期大规模的军士俑、战马俑已经消失，取而代之的则是舞女俑、侍从俑，且农夫和市井成为主流造型对象，极富市井气息（图 2-2-26）。

图 2-2-26　汉俑

与陶俑相比，汉代陶器也体现了汉朝自信的民族气魄，其审美风尚孕育了汉民族内在旺盛的生命张力，“古拙与气势”是汉代陶器的总体特征。灰陶是汉代最主要的陶系，制作技术上也达到更高的水平，普遍采用轮制技术，这是继承商周以来的传统后又进一步的发展。灰陶的烧制温度一般在 1000℃以上，因此烧制出来的灰陶都呈青灰色，坚固耐用。同时汉代也发现不少印纹硬陶器，发现地点都处于长江下游及华南地区。汉代陶器的纹饰比秦代更为丰富多变，器物表面往往拍印细密的方格纹，或刻划波状纹、锯齿形纹等。汉末陶艺装饰审美观的转变，是绚烂之极归于平淡后的审美体现；是大一统时代下人们精神气质的重要表现；是思想观念转换后的精神表达；是人们追求舒适恬淡精神生活的重要表征（陈杰，孟庆勇，2006）。

汉代陶器则沿袭了秦代陶器的制作工艺，各地区的陶器呈现出的审美风格迥然不同。汉代丧葬之风盛行，除了日常用具的制作，陶器大多应用在了殡葬品的制作上，汉代陕西地区常见的日用陶器有豆、盆、筒杯、勺、罐、钟、碗等。陕西潼关以东地区的日常陶器则以灰陶为主，有罐、壶、碗、勺、盘、尊等（图 2-2-27 和图 2-2-28）。这一时期的冥器包括礼器鼎（图 2-2-29）、陶囤以及各种动物形象。纹饰多为变形回纹、三角纹和窝纹。当时的盒、盘、案、杯等逐渐为了适应人们的丧葬之需而成组出现。另外，动物形态的陶俑也风靡一时，主要动物为羊、狗、猪等家畜。住宅和圈舍也成为随葬陶器而大量流行。因此，汉代的陶器不仅器形众多，而且不再仅限于普通的盆、钵、瓶、瓮等器形，一些家畜动物、住宅、人物等题材也开始显现。

图 2-2-27　汉代彩绘蒜头瓶

图 2-2-28　汉代彩绘茧形壶

图 2-2-29　汉代彩绘陶鼎

汉代的铅釉陶是汉代陶器艺术的代表成就，正如前文所述，带有釉胎的陶器在商代就已出现，但当时的釉陶处于一个极为低水平的生产阶段，数量少，质量差，而西汉至东汉时期的釉陶则出现了井喷式的增长。釉陶不仅分布在中原的河南等地，而且在长江中下游以及南部地区也均有发现，汉代釉陶依旧以陶土为胎衣，釉则是以铜和铁的氧化物作为呈色剂、铅的氧化物作为助熔剂的釉。铅釉陶烧成温度低，大多为 700℃，所以叫低温铅釉陶器。这种低温釉陶器已经成为贯穿于整个汉代的重要陶器品种。

秦汉也是中国瓦当工艺的成熟阶段，所谓“秦砖汉瓦”能够充分地反映出这一时期建筑材料工艺的进一步发展（图 2-2-30）。秦汉的砖瓦以纹饰古朴浑厚、质地坚硬而著称。秦代砖的纹饰以回纹、云纹、绳纹等为主，还有少量模印纹砖。秦代瓦当则以云纹为主。汉代砖多出产在四川、山东、河南等地。汉砖经常运用模印法压印出各种几何纹、云纹、绳纹、动物或人物形象。汉代著名的弋射收割画像砖、盐井砖，反映出汉代工匠具有较强对人物、环境的造型能力。汉代瓦当则主要以卷云、动物、文字为主要装饰，大多含有吉祥意味，形状多为圆形、半圆形，制作精巧，结实耐用。

（a）　（b）　（c）

图 2-2-30　秦汉瓦当

秦汉青铜日用器皿继续发展，造型越来越适应人们日常生活的实用需求。出土陶器基本上以日常生活器皿为主，春秋初年，敦、豆、簋消亡，从出土情况看，鼎、圆壶、钫占据着主要位置。西汉时期的陶器也以日常生活实用器为主，主要有食器陶鼎、釜、钟、耳杯、樽、卮、盉、水器盘等，渗透到了社会生活的各个方面。东汉时期，陶器中的礼器一部分消亡，一部分转化为实用器，基本变为以实用器为主体。

经过秦汉时期的过渡，瓷器在后来的三国魏晋时期步入成熟阶段，完成了陶向瓷的转换。但不可否认的是，早在 6000 年前的商周，中国的古代工匠就已经开始探索瓷器的烧制技术，正是先秦时代前人孜孜不倦地努力和铺垫才成就了后来中国瓷器的辉煌。

五、魏 晋 时 期

魏晋时期的中国再次进入了大分裂、大混乱的阶段，五胡为乱、三国内战、一代代王朝的更替，使得这一时期的中国社会处于极度不安的状态。

这一时期，江南陶瓷业发展迅速，相继在萧山、上虞、余姚一带出现了越窑、瓯窑、婺窑等著名窑址。所制器物注重品质，加工精细，可与金、银器相媲美，成为当时名门望族的日用品。东晋南韩时期，在江西、四川、福建等地的窑址有了很大发展。但江浙一带的瓷窑都出现了明显的衰退迹象，数量降低、装饰简化、烧造略显粗糙。这种局面一直持续至唐代前期。

六、隋唐时期

隋唐时期可以说是中国古代社会最为辉煌的盛世时代，是中国中古历史上的繁荣昌盛时期。隋唐因其开放的社会风气、繁荣的对外交流、高度发展的经济生产诞生了无数名垂史册的艺术家和艺术品。隋代历史虽然短暂，但在各种手工艺门类皆有不俗发展。隋代瓷器承接北齐，白瓷的烧制技术更为成熟，白瓷的制作对于工匠的手工艺水平要求较高。白瓷的瓷土需要经过层层筛选，使瓷土中的含铁量降到最低。而且白瓷的烧制温度要明显高于其他陶器，火候的把握难以控制。白瓷在瓷器历史中起到了承前启后的作用，后来大放异彩的彩绘瓷器便是在白瓷制作工艺的基础上演变而来，因此隋代白瓷也就为唐三彩的发展奠定了坚实的技术基础。

唐代时期的中国作为当时与阿拉伯帝国齐名的超级大国，在艺术文化史上为人类做出了杰出的贡献。唐代艺术人才名家辈出，群星闪耀。在绘画、书法、陶艺、瓷器、舞蹈、音乐等方面都创造了辉煌的艺术经典。唐代诗歌、莫高窟壁画、唐代工笔画等至今依旧保持着生命力，引得现代人惊叹欢呼。由于科学技术获得了较为迅速的发展，唐朝的手工艺品种类极为繁多，丝染技术、漆器制作技术、金银器铸造技术等开始步入成熟阶段。唐灭亡后西蜀、南唐等继承国家依旧将金银器、染织技术发扬光大。同时在西蜀南唐的宫廷内统治者还设立了宫廷画院，绘画活动并没有因唐朝的灭亡而衰落，反而在这两个偏安小朝廷中继续得到发展。

唐代陶瓷工艺中最引人注目的便是唐三彩，唐三彩是一种低温彩绘釉陶器，其主干颜色多为黄、绿、褐三种颜色，因此被称为唐三彩（图 2-2-31）。

唐三彩是唐代陶器中的精华，在初唐、盛唐时达到高峰。唐代开放的外交政策使得当时的对外交流非常频繁，对外贸易极为繁荣。唐三彩作为古丝绸之路贸易中的重要货物，是中国与西方国家的贸易纽带，唐三彩瓷器也成为欧洲上流贵族极受欢迎的中国艺术品。在唐代丝绸之路的重要城市如长安（今西安）、洛阳、扬州等地均出产大量精美的唐三彩瓷器。丝绸之路贸易工具主要为骆驼，所以唐三彩的造型和题材多为骆驼。唐朝国力在天宝年间的安史之乱后迅速由盛转衰，

（a）

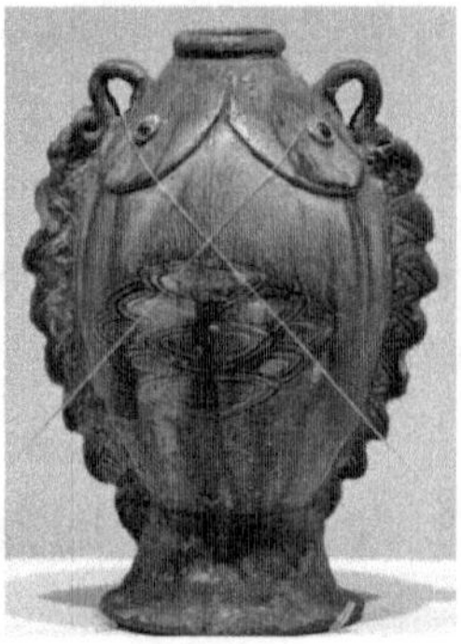

（b）

（c）

图 2-2-31　唐三彩

唐三彩的产量和艺术水平也出现了较为明显的退步。三彩瓷器在后来的辽、金、元等朝代出现，但这些北方民族的工艺水平显然低于唐王朝。因此辽三彩、金三彩的制作工艺和艺术水准始终无法赶上唐三彩。

七、宋、辽、金、元时期

结束了五代十国的战乱纷飞，宋太祖赵匡胤再次统一中国，建立了大宋王朝。宋代被国内外许多学者称为中国历史上的文艺复兴时代，其文化艺术的繁荣程度甚至要超过唐代。因此宋代被国内外学者普遍公认为是中国艺术成就最高的时代。在绘画书法方面，宋代首次设立翰林图画院，这是中国历史上的第一个国家级画院，画院的设立使当时的绘画书法创作空前繁荣，院体花鸟画和风俗画交相辉映，画家的地位如日中天，宋代著名书法家苏轼、米芾等艺术巨星创作的作品影响了后世中国几百年的书法艺术进程。工艺美术中的陶瓷艺术大放异彩，官窑、汝窑、定窑等知名瓷窑在宋代百花齐放。

图 2-2-32　宋代灰陶花冠迦陵频伽

辽、金两代均是由北方少数民族所建立的强盛王朝，辽人、金人充分吸收了中原先进汉文化的精华，并开创了具有本民族特色的工艺美术作品，以瓷器来说，辽、金两代的瓷器以辽三彩和金三彩为代表。

迦陵频伽（图 2-2-32）是梵语音译，汉语译作妙音鸟，是喜马拉雅山中的一种鸟，能发妙音。后佛教利用它来宣传其教义，作佛教“极乐世界”之鸟，被描绘成人身鸟形。在此，神话和原始宗教赋予它的是超人的意志和非凡的神力，有其独特的审美价值。品相如图，高22厘米，头戴花冠，开脸端庄大方，造型灵动，双手合十置于胸前，人头鸟身，翅膀右半身惜残。妙音鸟极其少见，非常难得。此妙音鸟出自山东济宁南旺龙王庙附近河道。

扑满（又名钱筒，图2-2-33）是储存硬币的容器，也就是现在的储钱罐。古时多数用陶制造。

图2-2-33　宋代灰陶扑满

宋、辽、金、元时期的陶俑逐渐减少，但从出土的少量陶俑也可以寻觅出其与秦汉时期的不同，此期的陶俑在取材和表现形式上更为多样化，题材一般都为生活化的普通人物，在形象和体态的刻画上着力体现出当时人们的精神气质和性格特征。虽然规模和数量上与前代相比具有明显差距，但其透露出的美学风格亦不失活泼灵动（图2-2-34和图2-2-35）。

图2-2-34　辽代特制的大嘴凤首

图2-2-35　辽金时代祭祀用陶龟壶

八、明清时期

明代是在辽、金、元三代外族统治所建立的废墟上诞生的，这也是汉民族最后一次掌握古代全中国的政权，明代在政治、经济、军事、文化等方面是中国历史少有的均衡发展的时代。文化上，明代的绘画书法工艺美术等门类相比元代有了进一步的发展。田自秉先生认为："明代工艺美术，是我国工艺美术民族风格发展的成熟时期，基本上具备了近代特色的主要特征。"明太祖朱元璋乃寒门出身，童年的困苦生活养成了他厉行节俭的习惯，他杜绝奢侈浪费，这就使得明代的手工艺制品多端庄清新而少浮华奢丽，"非世家不架高堂，衣饰器皿不敢奢侈"。明代前期由于程朱理学的盛行和为了巩固专制集权的需要，在思想文化领域束缚限制较多，抑制了学术争鸣的氛围。到了明代中后期，同期的欧洲国家开启了文艺复兴运动和地理大发现时代，东西方之间的交流日益广泛，这时期国内外的商品贸易开始活跃起来，这就刺激了陶瓷的商品化和产量。明朝后期的“官搭民烧”刺激了民窑生产劳动方式的改革，也进行了严格的分工合作，按照生产的工种，分为陶泥工、拉坯工、印坯工、镟坯工、舂灰工、挑槎工、抬坯工、装坯工等 15 种。如此细致的分工，使得每一件器皿都是多工种共同合作完成的结果，“共计一坯工力，过手七十二，方克成器，其中微细节目尚不能尽也”。这种专业分工模式具有以往家庭手工作坊所不具备的诸多优点，带有手工工场合作方式的特征，也是器皿造型样式发展走向成熟的一大保障和推力。

明清时期的陶器相比唐、宋、元时期的辉煌是难以企及的，该时期瓷器的设计已经渐趋精巧和细腻。明清两代的手工艺已经进入了历史发展相对成熟平稳的时期，艺术风格得以稳定地拓展，并且为近现代的工艺美术奠定了基础。明清时期烧制黑陶、白陶，以日用器为主，见图 2-2-36～图 2-2-39。明代结束了元朝蒙古人的统治与压迫，汉人再次夺回了统治权，经过元代的经济衰退，明朝再次复兴了中华文化，经济、军事、文化等全方位发展。明代的开国皇帝朱元璋出身于底层社会，对于社会上的铺张浪费极为痛恨，因此在朱元璋的倡导下，明代手工艺逐渐由富贵华丽转向精巧实用，许多构思巧妙、制作成本低的实用陶器成为主流。明代的宜兴紫砂壶是这一时期最为著名的陶器工艺，紫砂壶是一种实用饮茶器具，明代艺术家在实用价值的基础上对紫砂壶采用了更多艺术化的处理手法，使得紫砂壶成为近现代历久不衰的一种陶器品种。明清时期流行于晋陕地区的琉璃较有特色，琉璃属于低温釉陶器的变体，琉

图 2-2-36　清代陶制大鱼缸或花盆

图 2-2-37　清代黑陶玉壶春瓶

图 2-2-38　清代大号虎头瓦罐

图 2-2-39　清代器形少见的黑陶水壶

璃器多用作建筑装饰材料和香炉、狮子等寺庙用器。

清代康、雍、乾三朝，御器厂的监窑官先后有臧应选、刘源、郎廷极、年希尧、唐英等人，由他们督制的瓷器，被称为“减窑”“郎窑”“年窑”“唐窑”。清代修建的炉窑称蛋形窑，外形像覆盖着的鸭蛋。这是根据明代龙窑与马蹄窑优点以及松柴烧造特性而改进的，具有容积大、装烧量多、节能且温度便于控制等优点，这种形制沿用了很长时间。这时的瓷器发展到鼎盛时期，宜兴紫砂陶器在明清两代制作极为兴盛，它以其自身鲜明的艺术特色，成为中国最负盛名的陶器品种。琉璃和珐华是明清时期流行于山西地区的低温釉陶器，二者的主要区别是前者以铅作助熔剂，而后者则用牙硝。石湾窑制品以建筑用陶最多，但代表其制陶水平的是陈设文房用器和各种陶塑。

第三章　中国现代黑陶地域分布与艺术风格特征

第一节　中国现代黑陶地域分布

中国现当代黑陶的发展足迹遍布中国的各个省份，建立在不同地域文化背景基础之上，研究黑陶的文化及艺术风格特征具有特殊的价值（连佳，2014）。艺术是文化的外化，文化是艺术的内涵。文化这一概念不但内涵深刻、象征丰富，而且伴随着社会的不断进步，呈现出越来越多样的新面貌和新特点，很多与文化相关的新概念也由此产生。

一、龙 山 黑 陶

龙山黑陶，是继仰韶文化彩陶之后的优秀品种，代表了古老的汉族制陶技艺，是距今 4000 多年前中国新石器时代晚期的一种文化。因 1928 年首次发现于山东省济南市章丘市龙山街道的城子崖，所以又称“龙山文化”。山东龙山文化是承袭大汶口文化晚期发展而来，河南龙山文化是承袭仰韶文化晚期发展而来，两种类型龙山文化的起始时间略有先后。

龙山黑陶分有细泥、泥质和夹砂三种，以细泥薄壁黑陶的制作水平最高，胎壁厚仅 0.5～1 毫米，表面乌黑发亮，故有“蛋壳黑陶”之称。纹饰一般比较简单，仅以磨光透亮的光泽作为器皿的主要装饰内容，与黑色有机结合，是黑陶显出秀美韵致的风格之所在。黑陶的造型品种除了尖底瓶、罐、盆等外，还出现了鬲、豆、杯、鼎等品种。常见器形有碗、盆、罐、瓮、豆、单耳杯和鼎等。黑陶的制作一般采用快轮，其器形匀称、规整，做工精细，火候极高，质地坚硬。龙山黑陶作为原始礼仪的载体和精致的艺术品，永远具有黑色珍珠般的神秘而诱人的魅力。

新一代龙山黑陶在烧制工艺上，是根据当地泥质特点和古代制作方法研究产生的，具有实用、巧妙、节约的优点。在成型制作上，主要有可塑法和注浆法两大工艺流程。在烧制上则重点采用传统技术与现代技术结合的循序升级渗炭法，使产品达到通体透黑的效果。产品黑度越高，表面越亮，充分展现了黑陶的特色。

龙山黑陶由于选料考究，做工精细，不仅器物均有镂孔和纹饰，而且姿态万千、品种多样，纹饰与造型、色泽与形象和谐自然，具有高雅、简练、明快等特点，给人以美的艺术享受。

龙山黑陶是生活在齐鲁大地上的先民积累多年实践经验才创造出的精美陶器，它不是文字，而是逝去时代人类生活的化石，其中蕴藏着先民们沉甸甸的智慧和才华，是我们中华民族宝贵的文化财富。

二、日照黑陶

日照黑陶俗称日照土陶，是日照土陶器中的灰、黑色陶器。日照黑陶最早民间称谓出自明代洪武年间。据考证，当时日照制陶的烧制方法为水润闷窑法，这是烧制实用性黑色陶器的主要方法。1959年之前，在《日照市志》《五莲县志》《莒县志》《安东卫志》等日照地方志上，日照制陶业被称为“日照土陶器业”。1959～1990年被称为“土陶器业”“陶瓷业”“砖瓦业”等，20世纪90年代之前称为日照土陶，功能为实用性生活器皿，包括黑碗、黑盆、青砖、青瓦等，官方记载当时从业人数上千人，产值上百万元（苏兆起，2014）。功能为高档工艺品，如花瓶、人物雕塑等，日照官方报纸、年鉴、地方志上都有记载。土陶中的工艺品如泥哨、泥塑等也有记载。1990年以后改称日照黑陶，这标志着时代的变化赋予了日照现代黑陶不一样的形态功能和价值。官方记载的黑陶工艺品企业已达30家，工商企业注册从业人员已达500人，年产值上千万元。黑陶中的实用性器皿如黑碗、黑盆、青砖、青瓦已淡出市场。

以1990年为分水岭，日照黑陶的功能发生了变化，从百姓生活中的灰黑色实用性土陶，发展为高档黑陶工艺品，功能从实用性上转换到观赏性上，黑陶的形态也随之变化，从花盆到花瓶、青砖青瓦到平面浮雕、陶制大缸到大型工艺品、泥哨到各种模制工艺品、泥塑（雕塑）。工艺由简单的雕刻工艺发展到镂空、挑点、剔泥、平雕、浮雕等近80种工艺技法。

在《日照市志》中，共有26个村庄以窑命名。制作土陶器的村庄多达100余个，因日照最早的地方志为《莒县志》，为明洪武年间编著，故日照黑陶器的传承历史可追溯到明朝。20世纪20年代的日照县署成立劝业所，以官方介入来统一管理全县的手工业。新中国成立后，日照县政府于1955年设立了手工业管理科，后又设立了日照陶瓷厂，1990年设市黑陶厂，但因派系太多故无法区分，所以统称它们为日照黑陶手工艺传统技术。

日照黑陶在20世纪90年代之前，主要产品分为日用品系列和杂耍工艺品系列，窑的造型多为圆形窑。90 年代以后，主要产品为工艺品和艺术品，窑的造型以方形窑为主。以后日照窑形成独特的窑，在这里简称日照窑。

日照的黑陶企业数量最多，与齐河、章丘的差别在于雕塑和浮雕产品多，这与邱志海、王炳山等雕塑家的参与有关，他们曾分别创办黑陶厂，弟子众多，带动了浮雕等立体装饰手法在黑陶设计上的应用。近年来，有的企业通过改变原料配方、烧成温度等方法，开发黑色茶壶等产品，这些创新值得肯定，但其原料配方以及烧成温度的改变，这已经是黑陶以外的探索了。

日照黑陶文化和工艺传承谱系及主要技艺传承人介绍如下。

第一代是民国传统制陶艺人苏东元（苏兆起的祖父），是大朱漕村窑厂窑工，为日照市民间制陶师傅，擅长传统的脚踏拉坯工艺和实用性生活器皿（盆、燎水壶、大缸）的制作和烧制工艺。

第二代是新中国成立初期手工联合社制陶艺人苏玉和（苏兆起的父亲），是大朱漕村的村干部，负责大朱漕村窑厂工作，擅长泥哨、泥人、传统的脚踏拉坯工艺，实用性生活器皿（盆、燎水壶、大缸）的制作和烧制工艺。

第三代是日照市黑陶厂制陶艺人苏兆起等。苏兆起传统原始黑陶制作技法正是得益于父辈从事窑厂的窑工经历，也为日后日照传统土陶器工艺技法的流传做出巨大贡献。

在 20 世纪 90 年代日照市整合了日照的手工制陶艺人，配合国内外的专家进行了黑陶工艺的研发工作，并正式把日照土陶器中的青灰黑色陶器更名为日照黑陶。这一时期是日照黑陶传统技法和制作工艺大发展大繁荣的时期，迅速扩大了其在国内外的影响力。苏兆起在这期间先后与日照市不同村庄的近百名制陶艺人进行日照传统制陶工艺的交流，不断学习并先后参加了山东师范大学的陶艺培训、中国艺术研究院雕塑培训、山东艺术学院传统工艺美术理论培训，最终形成了自己独特的艺术风格。

第四代是苏日华、钟经纬、薄自龙等。苏日华自小受父亲苏兆起制陶的熏陶，十几岁即可以独立设计、制作器物，基本掌握了苏兆起的全部制陶工艺，代表作品先后荣获山东大众艺术节一等奖、第六届和第七届中国民间博览会金奖、中国陶瓷博览会大地奖金奖等。

三、德 州 黑 陶

山东的黑陶历经 30 余年的发展，逐步形成了各具特色的风格。这其中，既有设计生产人员的主动选择，也有社会潮流发展导致的被动选择。

山东德州等地特有的红胶泥土质细腻，密度大，黏性较强，不易渗水，是制作黑陶的优良原料。德州黑陶的制作保留了传统的轮制手法，经过一系列的轧光、雕刻、高温烧制最后进行封窑。德州黑陶在造型上既保留了传统的单层拉型成坯，也创造出一底双层合成坯。坯体刻花采用红雕、浅雕、透雕等多种表现手法。

德州黑陶不仅在国内产生了广泛的影响，其文化辐射力也扩展到了世界各地，目前德州黑陶已经远销美国、德国、日本等地，在当地陶艺界受到了极为热烈的追捧。

德州黑陶的纹饰汲取了传统民间剪纸、木雕、刺绣等艺术形式，现代题材以自然景物如松、竹、梅、菊、牡丹、鸟、蝶、鱼、虫为主。每件作品都透溢出对本土民间文化特色的坚守和创新。

齐河“龙山黑陶工艺”在黑陶的软刻方面更是独树一帜，齐河黑陶软刻刀法流畅娴熟、细腻、干净利落、清新淡雅，堪称黑陶软刻之首。齐河已建成中国现代黑陶艺术馆，成功举办了首届中国（齐河）现代黑陶艺术节。还规划了以齐河黑陶为主题的黑陶主题公园，这一切为齐河黑陶的发展起到了积极的推进作用。

除此之外，山东临沂、菏泽、济阳、在平也有黑陶企业，它们与德州、章丘、日照、淄博等较早的黑陶企业都有或多或少的联系，产品相似度较高。

综上所述，黑陶在陶瓷大行业里，是一个小的品种，很有特色。但是在黑陶行业之间，由于师承关系、地域关系，又明显的相似度较高，这导致了产品同质化。同质化的产品之间必然会产生价格的比较，这也是黑陶行业规模小的原因之一。

四、遂昌黑陶

有着悠久历史的遂昌县，有着丰富的人文资源和自然资源。据史书记载，遂昌夏、商、周三代时属吴，春秋战国时代属越姑蔑，秦时属会稽郡太末县，西汉时属扬州刺史部会稽郡太末县，东汉献帝建安二十三年，孙权分太末县南部地始置遂昌县，后虽几经变动却未再更改。

遂昌黑陶由于快轮制陶和封窑技术得到普遍应用，制作器皿具有黑（乌黑如漆的色彩）、薄（器壁很薄）、光（具有平滑的光泽）、纽（造型上具有鼻、耳、盖纽以及流、足、扣手等适于使用的各种饰件和功能件）等特点，其烧制技艺独特、考究，地域性强。该工艺品完全手工制作，从选泥、淘洗到制坯、修坯、刻花等经过数道工序，利用独特的传统封窑技术进行渗碳工艺烧制，不上釉，而浑身发亮、叩叩有声，实为民间制陶一绝。

20世纪80年代，由于民间工艺品收藏行为的升温，市场需求的加大，同时也出于对市场经济的认识，遂昌现代黑陶创始人吕鹤青和浙江省民间艺术家、青年陶艺家汤建华以他们对陶瓷艺术的追求热情，在遂昌黑陶企业创办者包宗仁等有识之士的支持下，于20世纪80年代末开始搞研发，1990年正式生产，1992年10月通过了新产品研发省级鉴定。20多年来，遂昌黑陶烧制技艺在两位黑陶艺人的手中传承、发扬，掌握黑陶烧制技艺的艺人也从当初仅有的两个人发展到如今的十余人，遂昌黑陶发展事业正从当初的手工小作坊形式向文化产业化形式发展。

五、馆陶黑陶

据史书记载：馆陶位于“齐、鲁、燕、赵”交界之地，是古代名邑，为陶山文化的一部分。古代馆陶之名，始于陶山黑陶；现代馆陶出名，亦赖于黑陶。馆陶黑陶产于邯郸东部的馆陶县，馆陶黑陶因此得名。馆陶处在黄河中下游，为黄河冲积平原，大量优质的黏土是制陶的天然原材料，为制陶业的兴盛奠定了基础。在卫河岸边的毛圈、刘圈一带，挖掘发现了皇城砖窑72座。经考证多为明代砖窑遗址，除生产彩砖外，也生产部分陶器，证实了馆陶制陶业的历史。现代黑陶艺术经过馆陶人的继承和创新，集陶艺、漆艺、镶艺于一身，形成镂空、浮雕、线刻、影雕、彩绘、漆画、镶嵌几大系列，达1000多个品种。

馆陶制陶采用当地特有的制陶原料，制作工艺考究。制作过程中选料严、澄料细、制坯实、造型雅、雕刻精、烧制方法科学，并把制陶技术、雕刻艺术、绘画艺术融为一体。开发出仿古黑陶、日用黑陶、现代黑陶瓷3个系列200多个品种黑陶制品“黑如漆、亮如镜、音如磬、薄如纸、硬如瓷”，古朴典雅，浑厚庄重。

馆陶黑陶文化博大精深，它上袭仰韶、下启殷商，左挽彩陶、右携青铜，是原始社会后期龙山文化的代表，是馆陶先祖们勤劳和智慧的杰作。即使最粗糙的陶，也会让我们联想到承载人类生活的土、照耀人类精神的火，以及滋养人类生命的水。它不仅蕴藉着深厚的农耕文明，而且闪烁着朴素的诗歌光芒。黄河的恩赐，大量优质黏土的沉积，为馆陶制陶业的兴盛奠定了基础。

六、秦源黑陶

陕西三秦之地、渭水之滨傲然萌生一个黑陶界的新秀——秦源黑陶，秦源黑陶取含铁量和含碱金属氧化物较高的红胶土为材，制作成的陶器达到薄而坚的程度。在器物的图案设计上，它延续传统几何纹，所不同的是其直接用凹凸单线和复线轮纹，而不用彩绘，其效果使图案质朴无华，使整体造型与图案结合形成一种完美的和谐（王小军，2003）。

陕西秦源黑陶的著名艺术家刘清源先生对黑陶文化有着独到的见解，他一生都执着于对秦源黑陶工艺的传承和创新，通过自己孜孜不倦地艰苦实践，使这门传承千年之久的古老手工艺在现代再次萌发了生机。他将独特的黑陶材料用在烧制好的胎体上，利用黑陶表色与内色在烧制渗碳过程中产生的色阶过渡对比，用硬刻刀法根据不同的图案结构关系刻制，使其产生层次感、肌理感和光影效果，开发出别具一格、古朴、典雅、朴实、庄重的艺术作品“影雕”。

七、陶寺黑陶

陶寺文化是指以山西襄汾陶寺遗址为代表的一类文化遗存。陶寺文化早期主要继承了庙底沟二期文化，在形成的过程中也融合了其他文化的一些元素。陶寺文化遗址主要分布于晋南地区的临汾盆地，汾水下游和侩河流域是其分布的中心区域。陶寺文化对于探索我国古代文明和国家的起源有着重要的意义，通过对陶寺遗址的微观聚落形态和陶寺文化宏观聚落形态的考察表明，陶寺社会阶层分化严重，王者的雏形很可能已经出现，礼制初步形成，已进入了属于早期国家形态的邦国阶段，这一时期，文明社会初步形成（曹艳朋，2009）。陶寺文化陶器群中，以釜灶、直壁缸、扁壶、鬲、斝、折腹盆、单耳罐、单耳杯等最为重要，它们构成了陶寺文化陶器的基本组合。釜灶是陶寺文化最具代表性的器类，多为夹砂灰陶，手制，器身饰绳纹，且常常以附加堆纹加固器身。

陶寺文化中陶器的质料，主要是夹砂灰陶和泥质灰陶两大类，此外还有少量的夹砂褐陶、泥质褐陶和泥质黑陶。制法基本上是手制泥条盘筑法，轮制少见，且轮制者多见于口部的轮修。陶胎普遍显得粗糙厚重。多平底器，圈足器很少，三足器仅有斝和鼎。器腹多作直壁或斜直壁，缺乏圆鼓腹等器体浑圆的造型。一些陶器的腹部虽略向外鼓突，但在鼓突部位往往饰泥条、泥饼或泥雾，用以加固。有相当一部分陶器有施釉、纽、耳的特点。陶器表面都先经过拍打，素面或磨光陶器也常常是先拍绳纹，然后磨平或磨光，盆、盘、豆等多是外施绳纹，内壁磨光。器形主要有釜灶，这是主要的炊具，也是陶寺文化早期的代表性器形。其次有斝、矮足鼎、直壁缸、折腹盆、折肩罐、敞口罐、深腹盆、大底盆、钵、碗、豆、甗等。扁壶数量多得惊人，是唯一的汲水器，也是这一文化的明显特点。

八、云梦山黑陶

云梦山，又名青岩山，位于鹤壁淇县城西 15 公里的太行山东麓，主峰高 584.5 米，峰峦叠嶂，山起云浮，气象万千，飞瀑流泉，鬼斧神工，素有“云梦仙境”“青岩表仙境之胜”之称。战国时期鬼谷子隐居地，孙膑、庞涓、苏秦求学圣地，是中华第一古军校。

淇县古称朝歌，历史悠久，文化灿烂，黑陶遗存星罗棋布。云梦山黑陶选用沉积距今约 120 万年的黄河淤泥为原料，经过筛检、压缩、抽真空、手工拉坯、雕刻、打磨、乌光、高温碳化等精细工艺，古今结合，标新立异，集陶艺、漆艺、雕塑、金石手法于一身，形成了镂空、浮雕、线雕、影雕、彩绘、镶嵌等效果。云梦山黑陶既有古陶纯朴自然之美，又开创现代陶艺夸张浪漫之风；既有新奇别致的优美造型，又有阴阳交错、变幻万千的神奇雕工。欣赏云梦山黑陶就是欣赏历史、欣赏文化、欣赏自然、欣赏生活。

九、尼 西 黑 陶

滇藏尼西陶器的起源可以追溯到西周时期，距今有 2000 多年历史，起源地汤堆村位于云南西北部的山谷中，该地区常年阴冷潮湿，全年温差极大，非常不适宜农业耕作技术的推广，交通以及经济发展常年维持在较低水平，因此在农耕水平欠发达的情况下，汤堆村着力发展藏族黑陶手工艺。独特的地理和气候环境对尼西黑陶的影响是巨大的，保证了黑陶手工艺的传承与发展（王丽萍，2009）。时至今日，汤堆村已经成为国内外著名的藏族黑陶手工艺村，被许多人称为“土陶村”“黑陶村”。

因地域经济条件所限，藏族火塘文化、宗教文化及生活所需要的器皿大部分都使用制作成本低、质地优良的黑陶器皿。黑陶材质具有导热性快、散热慢、保温性良好的特性，同时黑陶在每次蒸烤之后会越来越乌黑透亮，色彩非常漂亮，这些特性都与藏族火塘文化属性和高寒的自然环境相适应。藏民们选择黑陶既是生存上的需要也是文化上的需要。藏族是一个宗教归属感很强的民族，在宗教祭祀活动中，汤堆村民认为黑陶是在火与土的交融中产生，它利用了大自然最基本的几种元素，对向来崇拜自然神灵的藏族村民来说黑陶便蒙上了一层神圣的宗教意味和天然灵性。所以可以看到，在宗教活动中会出现大量黑陶制成的盛水罐、饮酒罐、陶锅、烤火盒、酥油茶壶、酥油灯、香炉等黑陶器皿。

在滇藏地区，不仅藏族人民喜欢使用黑陶，生活在周边地区的纳西族、摩梭人、傈僳族等少数民族也对黑陶情有独钟（李彬昕，2014）。黑陶文化和火塘文化在这片土地上的影响力和辐射力可见一斑。黑陶文化与茶马文化也有着相互融合的关系，藏族、摩梭人、纳西族等人民生活中常见的饮酒器、茶碗、酥油壶、饮茶壶等均是茶马古道中售卖的商品。这些生活工艺器皿是自古至今就未曾中断的黑陶手工艺的延续，并成为这些民族日常生活中必不可少的器皿。这些都是滇藏地区少数民族给世人留下的一笔丰厚的文化遗产。

十、囊 谦 黑 陶

流传于青海省玉树藏族自治州囊谦县的黑陶制造工艺已有4000多年的历史。相传唐代文成公主进藏远嫁松赞干布时途经玉树，又将独特的制陶技艺传授给当地的藏族群众，使当地原始的制陶工艺更加完善，成为藏汉文化融合的结晶。在历史的长河中，囊谦黑陶渗透在藏族的文化和宗教生活中，并在明清时演化出了康巴地区藏式黑陶——囊谦藏黑陶。

囊谦藏黑陶至今仍保持着原始的手工制作工艺，过程非常复杂。原材料选用当地纯净细腻的红黏土和黏土石，经手工捣碎成末，然后经过筛选、拉坯、晾晒、修整、亚光、绘纹等环节，再采用独特的“封罐熏烟渗碳”方法，经十余天烧制才能完成，成品具有“黑如碳、硬如瓷”的特点。每一件陶器器形差异与变化的掌控，全凭制陶艺人的感觉与经验。如今，整个玉树康巴地区，只有81岁的扎旺老人和他的徒弟白玛群加还在传承延续着囊谦黑陶的制作工艺。白玛群加在2001年拜黑陶艺人扎旺老人为师，潜心学习古老的黑陶手工技艺，并一直在家乡制作黑陶手工艺品。囊谦藏传黑陶以玉树州康巴藏族人文习俗、文化符号、宗教图腾等为素材，融合现代艺术表现手法，经古法烧制后呈现“黑如漆”的天然成色。在白玛群加众多作品中，将军壶无疑是他最得意的作品。2008年，囊谦黑陶被列为国家非物质文化遗产。白玛群加也于2010年被列入国家非物质文化遗产传承人名单。如今，他已打破藏式黑陶制造工艺历史上只将技艺传授给一个徒弟的老传统，向38个徒弟传授着这一古老的技艺。

囊谦藏式黑陶是玉树地区藏族文化的一个重要组成部分，对研究藏族文化艺术具有很高的价值，同时也具有较高的收藏价值，是玉树地区畅销的旅游产品，许多国内外游客不远千里前往订购。

十一、黑龙江黑陶

东北地区的黑龙江是中华文明的发源地之一，在黑龙江、嫩江等流域遗存的史前文化遗迹相当多，距今9000年前的海拉尔扎拉诺尔人，6000年前的西沙岗文化、昂昂溪文化、新开流文化、白金宝文化等，都是黑龙江地区早期人类文化活动的重要标志（王立言 等，2012）。今天我们所发掘到的大量原始陶器，说明了当时东北地区与中原文化开始有了一定的联系。这些陶器为当代学者研究中原文化与东北文化之间的关系、中国工艺美术史以及地方文化史提供了翔实可靠的资料，具有极高的历史价值和研究价值（许永杰 等，2003）。

地理环境作为人类赖以生存发展的基础，对人类不同类型、层次、民族的文化发展有着不可忽视的影响。嫩江发源于内蒙古大兴安岭地区伊勒呼里山，嫩江干流流经黑龙江省、内蒙古自治区、吉林省，最后在吉林省松原市与松花江南源汇流成松花江，全长1370公里，是黑龙江水系最长的一条支流。嫩江包括其支流流经的地区统称为嫩江流域，该流域内包括内蒙古自治区的呼伦贝尔、兴安盟，黑龙江省的大兴安岭、黑河、嫩江、绥化等地区。这里世代居住着达斡尔族、鄂伦春族、鄂温克族、蒙古族、满族等10多个少数民族。嫩江流域地区气候寒冷，所处地带冬季积雪长达半年以上。任何民族的传统文化都是该民族特定生存环境下的产物，而那些能够长盛不衰流传至今的文化遗产更能说明这种文化超强的环境适应性。由于有着相近的文化源头、宗教信仰以及相同的生活环境，生活在这里的少数民族创造了符合自身审美意识的灿烂文化。

陶器作为人类原始文明最重要的一种文化载体，它包含了丰富的审美及社会内容，对陶器的研究可以一窥人类原始社会的面貌。陶器器表的纹饰纹样能够还原原始先民的生活面貌。黑龙江地区的原始陶器器表上发现了较多动物纹、网纹、几何堆纹。许多动物纹的形象都是黑龙江地区经常出没的飞禽走兽的动物形象，而几何堆纹的形象来源则取自在黑龙江地区生长茂密的桦树皮，以上这些纹绘特征皆与该地区的自然条件和物产资源有着相当程度的联系。

在狩猎文化和渔猎文化为主导的原始时代，作为我国东北松嫩流域的典型文化，体现在器物类型上即表现为极富特色的原始纹饰和主题形式。在渔猎和狩猎生产活动中绳子的作用是不可取代的，它可以顺利地套取猎物，也可以将绳子编成渔网大量地进行捕捞作业（叶启晓，2004）。如果我们把渔网看作是绳线的变体，那么渔网纹被纹绘在陶器表面也可以说是绳纹的变体。从黑龙江地区的陶器文化情况来看，绳纹与渔网纹始终占据着重要的位置。这种绳纹与渔网纹融合形成的美一直影响着现代黑龙江地区的陶器纹饰风格。这说明在远古时期该地区的原始先民就已经具备较高的审美素质，他们可以在对陶艺的制作与应用中选择属于自己的审美视角，并能够创造出至今依旧长盛不衰的艺术传统。

距今6000～5000年前，在黑龙江地区的松嫩平原就出现了原始聚落型的白金宝陶器文化，它可以说是最北端的文化遗址系统。白金宝文化与中原地区仰韶文化有着诸多的相似性，说明中国各地区的原始文明有着共通共生的关系。比如在仰韶文化彩陶器表中，绳纹与渔网纹的应用较为普遍，白金宝彩陶也经历了一个由通体素面占主体向绳纹占主体的发展过程。

由于受到巫术崇拜和万物有灵论的影响，嫩江流域各少数民族的精神文化中经常带有原始神秘性色彩。这种神秘性主要体现在以萨满教为主导的宗教祭祀仪式上。萨满教在仪式上进行的跳神和舞蹈在远古时期就已经流传下来，萨满教的各种祝赞词，一般都是千百年来口耳相传的英雄史诗和传说，在这些传说中都能够找到史前时期嫩江流域少数民族的历史，正是因为这种稳定的传承性、保守的神秘性，使得在现代社会嫩江流域各少数民族依旧能够保持自己独立的民族风貌和文化特征。

白金宝陶器在陶土选用、器形规制、制作手法等方面都反映了当地的宗教信仰与民俗土著性、神秘性、原始性的一面。比如白金宝篦纹陶，其行纹内容真实地反映出了渔猎民族的思想与情感，始终保存着渔猎文明深深的印痕。可以说，白金宝文化的艺术是人类与大自然交互影响的结果，一方面生动地体现了松嫩流域独特的地域特征，另一方面也反映出当地先民的人情风俗、民族心理、民族性格产生的“物以致用”的造物初衷。

黑龙江地区原始社会的陶器，由20世纪30年代梁思永先生在昂昂溪地区的发掘工作开始算起已经走过了80多年的历程。20世纪前半期由于战乱的影响，考古工作进展得比较缓慢。直到新中国成立后黑龙江才开始进行大规模的考古发掘，在这一时期，连续发掘了肇源县白金宝遗址、东宁县大城子文化遗址、密山县新开流文化遗址等，在这些遗存中都出土了许多新石器时代末期的原始陶器（杨永善，1983）。

黑龙江历史上缺史少志，尤以唐代以前为甚。虽然自《三国志》始，正史对生活在黑龙江流域的古代居民有了专门的记载，但都是以边陲民族列传的形式出现，极为简括。因此，唐代以前的黑龙江历史主要依赖考古学构筑。唐代以后，由于靺鞨人建立时“海水盛国”渤海国的出现，更由于契丹人建立的辽国和女真人建立的全国与北宋和南宋形成的对峙格局，文献开始对黑龙江的历史有了较多的记载。但唐代以后的黑龙江历史仍离不开考古学的修复。

黑龙江省历史学者于志耿指出，早在旧石器时代晚期，即距今两万年以前，黑龙江地区已经有了远古人类活动的痕迹，最早见于文献的是肃慎族。《后汉书·东夷传》《山海经·大荒北经》中均有关于肃慎人的记载，其后出现了东胡人和岁貂人，此时期黑龙江地区也开始与中原文化进行交流，黑龙江地区的文化雏形开始孕育。

黑龙江地区几大文化遗存分布区介绍如下。

（1）松嫩平原区的重要遗存

该区由松花江、嫩江及呼兰河等河流冲积形成，面积 10 万余平方公里，是黑龙江重要的大平原区。在松嫩平原目前共发现重要文化遗存有 7 处。

（2）东部山地区域的重要遗存

在黑龙江东部山地区域发现了该区已知最早的旧石器文化遗址，也是黑龙江地区目前唯一发现的一处石灰岩洞穴遗址。

1）阿城交界遗址。

2）五常学田村遗址（在学田村遗址文化层上下取样共获四组年龄数据：即 24500±400，遗址时代大体为旧石器时代晚期 4 万～2.4 万年）。

3）饶河小南山遗址，年代为距今约 13000 年左右。

（3）大兴安岭地区的重要遗存

1）齐齐哈尔碾子山遗址。

2）呼玛十八站遗址（偶见素面灰砂红褐陶片，旧石器末期 12000 年左右）。

3）漠河老沟河遗址（遗址时代应在距今 4 万～3 万年）。

4）呼玛老卡遗址。

（4）区内旧石器遗存的文化类型比较与分析

1982～1985 年，黑龙江省考古工作队、省博物馆、哈尔滨文管联合发掘和清理古营地遗迹，根据对动物骨骼所做碳 -14 测定在旧石器时代晚期黑龙江已经有人类活动，年代为距今 4 万～3.9 万年。发现了旧石器时代早期人类活动的线索。

1975～1979 年，省博物馆等单位多次调查及发掘塔河十八站遗址。在第一地点的表土层中，发现细小石叶、石片与夹砂素面陶片。该遗址的年代被推定为距今约 1 万年。

1982 年，黑龙江省水文地质工程地质第一队调查发掘齐齐哈尔昂昂溪大兴屯遗址。1986 年，考古学者复查了该遗址。出土的大量石制品包括砍砸器、尖状器、多种形式的刮削器及雕刻器、石片、石叶和石核等。根据地层中化石的碳 -14 测定，年代为距今约 1.2 万年。

在黑龙江境内有史可查的最早的一件黑陶制品是“黑陶鬲”，杜尔伯特蒙古族自治县官地墓葬出土。另一件代表性作品是“黑陶罐”，出土于牡丹江宁安市东康遗址，年代距今约 1900 年。此外，在早期铁器时代，绥滨县同仁遗址出土过一件“黑陶罐”，黑龙江省博物馆有出土器物的展示名录，但不见实物。以上所述的文物能够充分说明黑龙江、嫩江地区自古以来便留有黑陶文化的历史脉络。它们与同时期中原地区、长江流域的黑陶文化交相辉映，共同构成了灿烂悠久的早期中国黑陶文化系统。

十二、台湾黑陶

台湾的史前文化，有人类活动的历史可以追溯到旧石器时代。目前，在台湾本岛已经发现并可以断定属于旧石器时代的古人类遗址有两处：一处是台南左镇的“左镇人”遗址；另一处是台东长滨乡八仙洞遗址。在台湾发现的新石器时代遗址很多，不下十处，从其出土的文物类型和制作技术来看，大体可以分为三种文化类型：大坌坑文化、圆山文化和凤鼻头文化。大量考古文物证明，数万年来，在民族文化的发展系列中，台湾并非孤悬海外。

据考古材料证明，台湾自数万年以前的旧石器时代历有人居，文化的包涵内容上，它在原始社会史的每一个阶段都与大陆原始文化息息相关。宋元时期台湾移民文化始终保持着相对独立性，17 世纪荷兰人侵台湾改变了这里的土著文化格局，荷兰文化融入到了台湾文化中，到了后来的明清时期，随着福建郑氏父子对台湾的收复和管辖，使台湾文化具有了其鲜明的特点，台湾文化以客家文化、闽南文化为主干核心。

图 3-1-1　台湾史前文化遗址陶片

说起台湾陶器史就要追溯到距今 7000～6000 年前的台湾史前时期。20 世纪 60 年代台湾大学师生曾经在台湾最早的新石器时代遗址大坌坑遗址中发现了大量的陶器残片，见图 3-1-1，在随后发掘的多个台湾史前文化遗址中也都相继出土了陶器文物，说明台湾地区在新石器时代便学会了制陶技术。目前台湾兰屿的土著民族雅美族人至今还沿袭着传统的制陶方法和规则。雅美族女人不会制作陶器与陶偶，雅美族的主要制陶工匠都是成年男子，女性被禁止制作陶器或陶俑（詹黎明，2015）。

台湾文化的形成与它的地理位置以及大陆不断向台湾移民有重要的关系，据考古材料证明，台湾海峡在距今大约 5000 年前开始处于海退期，这期间大陆与台湾的联系愈加紧密，此时的台湾文明处于极为朦胧的原始时期，台湾垦丁的细绳纹陶文化说明了稻作文化开始进入台湾，反映了当时人口以及社会生产的情况。在以后相当长的一段历史阶段，台湾始终保持着相对独立的文化发展路径，而随着荷兰殖民者的进入，台湾文化逐渐受到外来文化的冲击，之后郑成功和康熙时期的施琅将军再次收复台湾，大陆的耕作文化传统在台湾又一次得到了复兴。

据考古学家发现，台湾新石器中期（距今约 4800～3000 年前）的台北圆山文化、芝山岩文化遗址，都出土了许多细纹红陶文物，圆底鼓腹罐较多。也有很多玉器。新石器时代晚期（距今约 3000～2000 年前）的台东卑南文化遗址发现大量的石板棺，棺内有大量双耳陶罐和玉器制品，玉制品为特色。

雅美族制陶用土有黑、白、褐色土及绿色土四种。陶器与陶偶的制作皆为纯手工制作，其陶器的制作主要分为泥条盘筑法与模型制造法。雅美族烧陶前，将所有陶器在露天的地上晾晒干，要充分干透才能烧制，烧陶没有固定的窑炉。于是雅美族人取砍伐且晒干的木柴，在沙地或旱田起窑素烧。将沙石堆成一座小方城，并在其上用木柴搭建成“井”字形，最后用火点燃窑床，使其慢慢燃烧。此“井”字形的木柴窑充分显示出雅美族人的聪明与智慧。

第二节　中国现代黑陶起源与代表人物

一、中国现代黑陶的起源

现代陶艺发端于何时何地，它的创始人是谁？这是探讨现代陶艺的价值取向不容回避的问题。侯力平曾指出：“绥棱是中国现代黑陶发源地，已有百年历史。自秦汉以后的漫长时期内，黑陶销声匿迹，这是人类社会生产力发展与科技进步的必然结果。直到祖籍山东省莱州府的绥棱黑陶创始人寇化林研究出黑陶艺术品，才使早已失传的黑陶文化艺术重放光彩。”中国工艺美术学会副理事长、清华大学美术学院教授杨永善在《绥棱陶艺》的序言中也指出：“绥棱寇化林创制了以装饰陈设为主的黑陶、红陶和土色陶器，其中以刻花镂雕的黑色陶器最为著名，并影响了国内许多地区。在 20 世纪 80 年代形成了一阵子‘黑陶热’，但是基本上都是沿袭了寇化林的绥棱黑陶造型和装饰，没有什么独特的新的创造。”由此可见：绥棱，是中国现代黑陶的发祥地；寇化林，是现代黑陶的创始人。考察现代陶产品是如何由远古时期的生活实用，而走向现代审美，绥棱陶作为我国古代黑陶技艺的“活化石”“活标本”，向我们展示了生活的灵性与积淀，让绥棱黑陶生华成了艺术品。

绥棱黑陶创始人寇化林，1900 年生，祖籍山东省莱州府，祖传瓦盆、瓦罐等土陶制作工艺。17 岁时，他进入一家瓦盆窑做学徒；20 岁时，开始独立制作花盆。值得注意的是，此时的花盆盆体为单层（较之后来的双层盆体而言），尽管是为了生活实用，并且还带有陶器的痕迹，但其使用价值是装扮生活、追求生活之美，即开始向现代审美易位。清末民初，寇化林来到绥棱成立了第一所民间土陶作坊，一生从事土陶工艺研究，经过近40年的苦心钻研，终于成功地破译出黑陶生产制作过程中最复杂、最关键的技术——“熏烟渗碳”技术（刘家弟，1998）。作为一位民间艺术家，寇化林的卓越贡献在于研制出黑陶艺术作品，完成了由古代陶器向现代陶艺的转型，进而成为现代黑陶的鼻祖。

寇维军（1946～2015年），绥棱黑陶创始人寇化林之子，绥棱黑陶制作工艺师。1963年，已经掌握全部生产工艺的寇维军进入绥陵县土陶厂工作，出任副厂长职务，负责生产、技术和学员培训。2001年1月，清华大学博士生导师杨永善先生编著《说陶论艺》中说“近代黑陶是从寇华林开始的，他是主要创始人，他的儿子寇维军是继承者和传播者”。历经60载的发展，绥棱黑陶“成名”了。作为全国现代黑陶艺术的发祥地，经专家确认，绥棱黑陶秉承5000多年传统的龙山文化遗风，并将龙山文化的精湛内涵继承与发扬，舍弃浮华琐碎，追求古朴自然，在国内外收藏界享有盛誉。

经过半个多世纪的风雨洗礼，绥棱黑陶一路阳光、一路彩虹，然而，到了20世纪70年代，寇华林大师去世后，古朴的绥棱黑陶在市场经济大潮的冲击下，因企业连年亏损，艺人纷纷南飞，而走向了低谷，绥棱黑陶产品在本土日渐稀少。进入20世纪90年代其子寇维军到河北、山东、北京等地传授黑陶制作技艺。很快在山东、河北许多地方先后出现了黑陶工艺厂。与父亲相比，除了心灵手巧，寇维军先生比父亲更多了份创新精神，他不拘泥于原有产品的造型与纹样，以自身惊人的创造力和艺术才能，设计了自己的画法，独创了挑花、压花、堆花、硬刻（即现在的刻陶）等表现技法。他将品种拓展到包括花瓶、壁画、台灯等仅造型就有上百种的黑陶工艺品。

随着绥棱黑陶制作艺人们的转移，绥棱黑陶制作技术陆续走出绥棱，先后在辽宁、山东、河北等省扎根。辽宁、山东、河北等地的许多黑陶制品，都是采用了绥棱黑陶的制作工艺，呈现出绥棱黑陶的艺术风格。1978年，寇维军又先后到北京，江苏连云港，山东德州、临沂等地进行陶艺创作与传艺，同时，他也学习了紫砂、瓷器的生产流程，将它们的花纹与造型融入到陶器生产中，使黑陶种类更丰富了，品质更上乘了。

1965年广交会，寇维军先生与父亲共同设计的黑陶作品以其淡雅、俊秀的风姿博得了中外顾客的青睐，从而使中国的陶器行销毛里求斯、日本、新加坡、美国、法国以及我国香港和台湾等13个国家和地区。1974年，寇维军先生的作品双层镂空花盆荣获黑龙江省工艺美术百花奖和国家轻工部优秀创作二等奖。

1977年10月，寇维军先生带着亲自设计、亲手制作的口径为60厘米的代表8亿人民的8个双层镂空花盆送到毛主席纪念堂，并瞻仰了毛主席遗容。之后，国务院第三领导小组接见了他。

1979 年，寇维军先生携妻子搬到山东德州，成立德州黑陶研究所，任所长职务。为山东培养了第一批黑陶艺徒。

1981 年，寇维军先生的黑陶作品被宋庆龄故居列为珍品及收藏品。1983 年，在北京中信下属公司成立北京黑陶研究所，中国老年历史研究会也在寇维军先生帮助下成立黑陶研究所，由其出任副所长，张宝昌任所长。

1988 年，寇维军先生亲手制作黑陶工艺品，送给国际大师黄胄、董寿平、张君秋、端木蕻良、启功等老艺术家和北京市委副书记、副市长，并受到领导和大师们的高度赞赏和喜爱。我国著名红学家端木蕻良亲笔题词："我国黑陶文化已有 5000 年历史，但制法早已失传，由山东寇氏四代维军同志锐力钻研，使之浮显于世。欣赏之余书此以贺。"1991 年，双层镂空花罐被列为国家"七五"星火计划优秀奖。后来的北京、陕西、广东、江苏、山西等地的黑陶工艺无不是寇维军所传授。2007 年 2 月 8 日，"绥棱黑陶制作技艺"入选第一批黑龙江省非物质文化遗产名录。

如果说寇化林大师是中国近代黑陶的创始人，那么寇维军先生就是中国现代黑陶的推动者，是他把黑陶文化及工艺播向全国各地，是他把黑陶文化发扬光大，其功将光耀千秋！

黑陶产品作为人类的传统手工艺制品，如何在当下艺术风格与特征进行文化创新，是黑陶从业者应该认真思考的问题。笔者以为，黑陶艺术风格与特征创新应该在两个方面进行创新，一个是文化创新，另一个是技术创新，前者需要在继承传统的基础上取其精华、去其糟粕，在保留黑陶的原始美感和经典纹样的基础上，加入符合现代人审美格调的当代风格（漆竞舟，2007）。而技术创新则较为直接，我们要对传统制作工艺的缺陷进行技术革新，将黑陶文化产业链做大做强。在对传统工艺产业的创新上，景德镇的陶瓷文化产业值得借鉴，景德镇的陶瓷生产并没有单纯追求短期经济效益和产品规模数量，而始终将维护景德镇陶瓷的艺术个性深深植入文化产业，其对产业结构调整的同时不忘对历史文化遗产的保护与传承，这就使得景德镇陶瓷真正实现既具有了艺术化、个性化的审美特征还具有标准化、实用化的实用价值（邵建秋，2006）。因此，我们可以借鉴景德镇的经验（许艳艳，2008）。绥棱黑陶由传统的实用性向收藏性功能的转变可以说是一种思路的创新，但笔者认为，这种创新的深度和广度还不够，比如，能不能把收藏和实用结合在一起，使之成为既可用又可收藏的工艺品；再比如，成型上在保持镂空技术的优势外，能否增加手塑的成分，内容上再深邃些，让人除了感官的享受外更有心灵的颤动和思想的升华。

二、中国现代黑陶艺术风格代表人物

1. 龙山黑陶代表人物

闵伟，山东省九三学社社员，泉城十大杰出青年，山东省工艺美术大师，山东省瓷艺术大师，山东省传统手工制陶技艺大师，山东省工艺美术协会会员，山东美术家协会陶艺委员会委员，中国民协黑陶艺术家委员会副会长，济南中国龙山文化研究院常务副院长。

走进闵伟的陶艺世界，会被薄如蛋壳的“蛋壳杯”所折服，会为那件件散发着浓郁的艺术气氛的塔罐、陶瓶所惊叹，会被那质朴逼真的人像雕塑所吸引。闵伟本人也一直认为“作品是作者、观者、作品三者之间的心灵感应，作品是有生命力的。”因此在创作中，他一直注重作品的时代感，强调作品的创新性。而这种创新性恰恰是他作品生命力的源泉。

闵伟的陶雕《母亲》由红、黄、黑三种色彩的三尊母亲头像雕塑组成，塑造出慈祥善良、饱经风霜的中国母亲形象（图 3-2-1）。据了解，这组作品为其耗时一年多才创作而成。三位母亲的笑容似乎也有特殊的意义：黑、红、黄三种不同“肤色”刻画了不同生活背景下的母亲，“黑色的满脸欣慰，代表了在村庄含辛茹苦拉扯子女成人的母亲；红色的一脸满足感，代表了在乡镇教育子女成长的母亲；黄色的自信安详，代表了在都市用生活感染子女成才的母亲”。从母亲的眼中，不仅能看到慈爱和淳朴，而且从那布满皱纹的脸上能看到岁月的沧桑（沈海泳，2011）。巨幅三色《母亲》具有较高的现实意义和艺术感染力。

图 3-2-1 闵伟的《母亲》人物雕塑

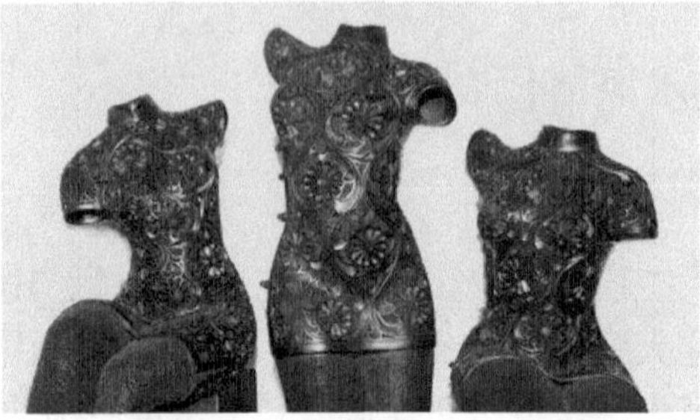

图 3-2-2　闵伟的“韵”系列陶艺

闵伟的陶艺代表之一的“韵”系列，却舍弃了头和四肢（图 3-2-2）。整组作品都是只创作了一个身穿旗袍的女性半身，有的婀娜站着，有的侧身而坐，有的笔直跪坐。代表着中国文化符号的旗袍裹着丰腴的女性身体。旗袍上雕的是菊花连枝纹，是用现代黑陶制作中反刀团花工艺与雕塑进行融合而成。既保留了传统工艺的特点，又融入了很强的时代感和时尚元素。整组作品简约大方，造型优美，表达含蓄，内涵丰蕴，给人以无限的艺术想象。

图 3-2-3　闵伟的“山东大妮”系列

闵伟的“山东大妮”系列，更是紧扣山东的风土人情，采用了夸张变形的手法，人物体格健壮，丰乳肥臀，但却不庸俗，拙中带雅，把山东女人美丽大方、朴实直爽的形象刻画得惟妙惟肖，其表现手法自然而不做作，纯真而不矫饰，形象塑造中挖掘了广泛生活的元素，拓宽了黑陶质感丰富的表现力和浪漫的艺术情思（图 3-2-3）。

曲冰，山东淄博人，1990 年中央工艺美术学院陶瓷美术系毕业，2004 年获得“山东省陶瓷艺术大师”称号。中国陶瓷工业协会艺术专业委员会理事，山东陶瓷工业协会艺术专业委员会副秘书长，山东轻工职业学院陶艺教研室主任。1995 年在山东淄博创办曲冰陶艺工作室，主要从事现代黑陶的创作。他主张黑陶设计的中庸之道，作品多次获得国家级大奖。其代表作品《江南可采莲》（图 3-2-4 和图 3-2-5）、《鹅卵石》系列（图 3-2-6）分别获得第九届、第十届全国陶瓷创新评比金奖。

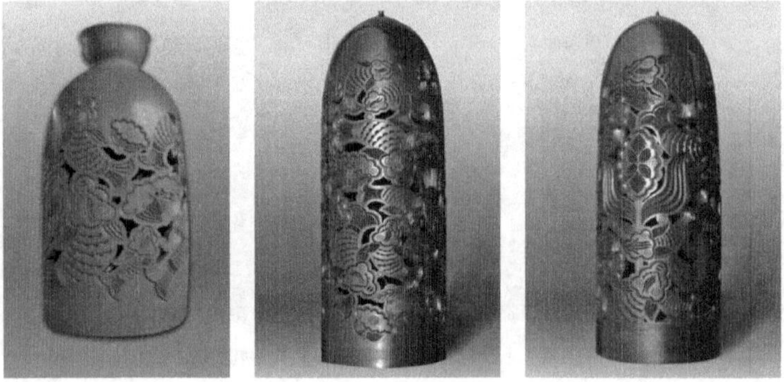

图 3-2-4　江南可采莲

图 3-2-5 江南可采莲（局部）

图 3-2-6 现代黑陶《鹅卵石》系列

卜广云，山东省日照市人，人文世家孔子门生子夏（卜商）的后裔，现任中国工业陶瓷协会黑陶艺术委员会秘书长、中国工业陶瓷协会理事、中国工业陶瓷协会陈设艺术陶瓷专业委员会副秘书长，山东省工艺美术协会常务理事，山东省陶瓷协会理事，中国黑陶艺术研究所副所长，日照市陶艺协会主席。曾获山东省工艺美术大师、山东省首届工艺美术名人、“齐鲁文化之星”，山东省“非物质文化传承人”等荣誉称号。

卜广云作品《二龙戏珠》（图 3-2-7）采用手工拉坯成型，传统的瓶状结构，瓶颈环绕着二龙在腾飞中戏珠。作品采用融圆雕、浮雕、雕刻、打磨于一体的艺术手法制作完成。整件作品构思巧妙，线条流畅，比例恰当，做工精美，形体悦目，气势磅礴。画面惟妙惟肖，给人以强烈的视觉冲击力，形象展现了“二龙戏珠”这一主题。

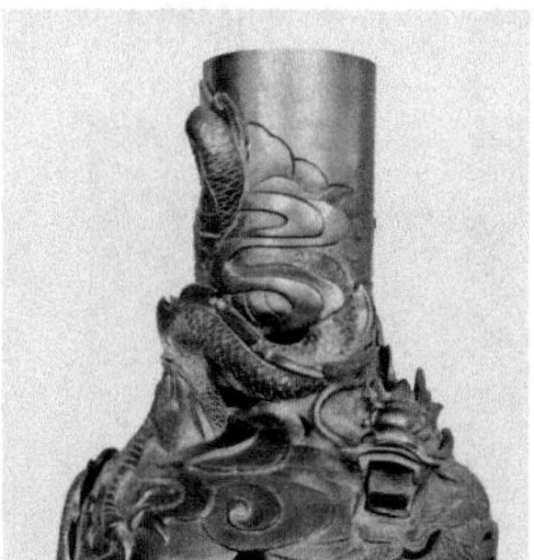

图 3-2-7 卜广云《二龙戏珠》

他的另一作品《荷谐》（图 3-2-8）为瓶状结构，造型古朴、美观、典雅，线条流畅，比例恰当，形体悦目。罐体是一个传统梅瓶的造型，瓶上环绕雕刻了美丽盛开的荷花，幽幽的荷香吸引着蜻蜓飞舞、鸟儿歌唱，画面惟妙惟肖，生动地表现了大自然的和谐之美，象征着和谐事业、和谐世界。该作品曾在 2011 年第三届

图 3-2-8　卜广云《荷谐》

中国（山东）工艺美术精品暨家具用品博览会上荣获2010“宜景宜人杯”山东省工艺美术精品奖—金奖。

刘浩，中国现代黑陶艺术奠基人、中国陶瓷艺术终身成就奖、中国陶瓷历史名窑恢复与发展贡献奖获得者，中国美术家协会陶艺委员会会员，中国陶瓷工业协会黑陶研究所所长，中国陶瓷工业协会黑陶艺术专业委员会会长。龙山镇城子崖遗址博物馆高级顾问，高级工艺美术师。刘浩的黑陶作品，表现出较为浓厚的现代手法和现代的审美意识，富有现代造型和韵律，蕴含着浓厚的情感和深邃的思想。

王宪利，山东省陶瓷艺术大师，师从寇维军创建德州工艺美陶研究所。制作的黑陶捐赠宋庆龄基金会。2012年荣获中国第二届“大地奖”陶瓷作品评比系列金奖；科研成果荣获法国巴黎第八十届科技发明博览会银奖，为中国黑陶在国际上第一次捧得大奖。陶能不能产生开片纹理呢？王宪利请教了很多专家，给出的答案都很肯定——不能。瓷可以开片。关键在于它们的胎，釉在烧制过程中收缩系数不同而产生开片纹理，而无釉陶是一种物质，不具备产生开片纹理的先决条件，所以不可开片。那么无釉怎样才能产生开片纹理呢？王宪利历经两年多的实验终于研制成功了无釉开片陶，在陶瓷界引起了巨大的反响。

日照的苏兆启大师利用模具成型制作出大件陶艺品，格外引人注目。苏兆起，文化和工艺传承谱系及主要技艺传承人（带头人），擅长传统燕子垒窝技法。中国专业人才库管理中心授予苏兆起先生艺术大师荣誉称号。特聘为全国专业人才考评专家委员会委员。

图 3-2-9　黑陶奥运宝鼎

日照民间黑陶艺术家苏兆启制作的黑陶奥运宝鼎成功出炉（图 3-2-9）。该鼎以商鼎为原型设计制作，高2.66米，直径1.50米，壁厚约2厘米，重约600千克，是目前为止世界上最大的黑陶鼎。苏兆启准备将这个鼎献给北京奥组委。

德州的王宪增把艺术品转化为实用品，研发生产出了兼具工艺品和实用功能的台灯；中国著名黑陶制作大师仇志海的仿青铜作品，以及后来出现的施釉、压模、注浆、泥塑等技艺，都从侧面说明了艺术需要创新，但绥棱黑陶的制作技艺始终缺少创新的精神。

2. 绥棱黑陶代表人物

侯力平，中国民间文艺家协会会员，黑龙江省美术家协会会员，黑龙江省民间文艺家协会理事，黑龙江省民间文艺家协会绥棱陶文化产业基地主任，绥化市美术家协会副主席，绥棱陶文化科学研究所所长。他是绥棱陶文化的学术代表和带头人，曾创新绥棱陶新品种，研发出绥棱彩陶、黄陶、紫陶、灰陶、砂陶。其中紫陶已获得国家发明专利，填补了这一方面的空白。他还推陈出新，继承和发展了绥棱陶镂空的多层透雕技术，传承绥棱黑陶百年历史的核心“熏烟渗碳”技术，填补了绥棱陶理论专著空白，结束了长期口传心授的历史。

侯力平注重了从陶艺的土质上探索创新。绥棱有着矿藏丰富的五种陶土。经过考证，有文献记载的有三种，即黄黏土、红瓷土（亦称红胶土）、白瓷土（亦称高岭土）。在此基础上，侯力平又发现不曾有人用来制陶、也不见文献记载的两种新陶土：一种呈浅绿色，他将其命名为“绿黏土”；一种呈灰黑色，他将其命名为“黑黏土”。经过取样、晒干、碾细多次试验后他发现，绿黏土的特点是：黏性较大，可塑性强；不变形，陶艺成型后不易回缩；质地柔软，适于雕刻；较之黄黏土更加细腻，易于抛光，烧制后品质上乘；色彩生动别致。而黑黏土是介于土与山石之间的一种物质，质地坚硬，经过自然风化呈石片状，然而经粉碎后却十分细腻，黏性好，既适宜做彩陶，也适宜做黑陶。新陶土的发现，使人们不仅研发出紫陶，也研发出黄陶、灰陶和砂陶，极大地丰富了彩陶的品种系列。如此立足陶艺艺形、难易程度以及相应的雕刻工艺上进行陶土科学配比，可谓“因地制育“因材施艺”，形成了现代陶土新的配方，从而彻底结束了既往仅靠一种黄黏土烧制的历史，增加了陶泥的可塑性，也大大提升了成品陶艺的坚固性。

图 3-2-10　聚宝瓶

黄黏土质黑陶：《聚宝瓶》《吉祥瓶》都采用中国古钱纹为设计元素（图 3-2-10），结合构成原理中重复、发射、渐变等设计创新而成古钱币系列，随器形而变构成强大的视觉冲击力，带给人连绵不断、财源滚滚的良好寓意。

图 3-2-11　人和瓶

《人和瓶》（图 3-2-11）敞口，长颈，溜肩，圆腹，平足，“人”字变形为设计元素，平面镂空，利用渐变形成合“众”，环环相扣，牢不可破，寓意“天时、地利、人和”，人和万事顺，事业兴旺。

刘兴任，黑龙江省工艺美术大师，绥棱黑陶传承人之

图 3-2-12　金如意扁圆瓶

一，黑龙江工艺美术家协会会员，中国黑陶艺术专业委员会副会长。其作品被选定为全国第二十一届图书交易博览会指定纪念品。

孟庆义，男，汉族，1955 年 11 月出生，中共党员，市级工艺美术大师，高级技师，国家黑陶专业委员会理事，黑龙江省工艺美术协会会员，绥棱县工艺美术协会副会长，现任绥棱县高级职业技术学校专业老师，绥棱龙升陶文化有限公司经理。黑龙江省非物质文化黑陶传承人。其作品《金如意扁圆瓶》（图 3-2-12）采用特殊成型工艺造型，图案吉祥，兼采古纹卷草如意纹样，借以表现繁荣盛世，万象更新。其另一作品《八层内旋转双龙天球》创造了国内黑陶多层内旋转工艺技术的空白。

李方海，大庆油陶创始人，大庆师范学院中国石油陶艺研究所所长，中国雕塑学会会员，中国黑陶协会副秘书长。大庆油陶的产生源于黑陶（鄂玉梅，李方法，2012）。据考证，黑龙江省大庆林甸瓦盆窑烧制的陶器即属于传统黑陶的一种，它是民间匠人完全出于实用目的而建造的，产品包括烟囱、花盆、盛物用的瓦盆等。由于其制作在民间一直承袭仿制，类似原始的家庭作坊，规模小、产量低，因而难以形成行业化，随着人们物质生活水平的提高，对其需求量逐渐降低，致该窑于 1982 年停产。李方海老师多次去绥棱实地考察学习，完全掌握了黑陶的烧制方法，同时也与“绥棱陶”有限公司合作，从绥棱聘请陶艺师傅进行指导培训学员，结合大庆地方特色，研发出了大庆油陶，其特点是“坚硬如石、黑亮如油”，其设计风格也是大庆油陶独有的特色，设计纹样图形都是以大庆油田的油滴、钻井工具、磕头机等机器零件为主要元素，重新组合形成大庆油陶独有的油陶纹样，特色鲜明，有一定的地域特色。

第四章　文化生态学视角下绥棱黑陶的技艺传承与工艺创新

第一节　绥棱黑陶的历史沿革

一、20 世纪初期："寇家窑"的诞生与发展

陶器的主要原料是土，但并不是所有的土都可以制作陶。绥棱属于半山区，东部山区群山起伏。该地区的土壤结构主要以黄黏土、白瓷土为主，除此之外，东部山区蕴藏着大量的花岗岩、高岭土、玄武岩等丰富的矿种。这里用于制陶的黄黏土干结后强度约相当于 200 号水泥，陶器坚固，声音清脆悦耳，有瓷和金属的声音。绥棱白瓷土制陶器也是坚固如瓷，不怕水，耐磨损，是制作白陶的上好原料。红瓷土是上等优质的制陶原料，用它生产陶烧成后亦非常坚固。绿黏土不仅可以用来制陶，而且烧后坚硬程度高，声音也如瓷一样清脆。绥棱这几种陶土制陶还有一个共同的特点，就是烧成后不怕水，可以进行水洗。

绥棱陶土细腻，透气性能好，适宜制作黑陶。绥棱的黄黏土、红瓷土、黑瓷土都有土质细、透气性能佳的特点。优质的陶土资源为绥棱黑陶的诞生奠定了物质基础。

绥棱生产制作黑陶的历史已有一百余年了。虽然其制作工艺基本和 4000 多年前的龙山文化没有太大区别，但绥棱黑陶的制作工艺和发展与龙山、北京周口店、大汶口、黑龙江的昂昂溪等众多黑陶历史文化，没有任何的关联。它完全是"土著"艺术，是创始人寇化林和几代陶工在实践中不断汲取了其他民间传统技术精华，潜心创造，自悟出来的"本土艺术"（高文智，2012）。

绥棱现代黑陶是从寇化林开始的。他是我国把镂空技术运用到黑陶制作，把民间图案作为黑陶纹饰的第一人，是我国现代黑陶的创始人（王凯宏，2012）。

根据《绥棱县志》，寇化林祖籍山东。19 世纪末，他的曾祖父带领其祖父及其父辈从山东来到东北，落户在绥棱县上集镇。

来到绥棱后，寇氏家族便利用当地特有的黄黏土建起瓦盆窑作坊，大家都叫

图 4-1-1　寇化林制作黑陶

它为“寇家窑”。寇化林从 13 岁开始，就在瓦盆窑跟叔叔寇喜学习黑陶制作技术，几年后就熟练地掌握了从制备陶土原料到最后烧制等一整套黑陶制作工艺，图 4-1-1 为寇化林制作黑陶时的场景。

有了世代以陶为生并熟练掌握了陶器生产技艺的民间工艺大师，为绥棱黑陶的诞生做了有力的人才保障。

“寇家窑”生产的陶器品种很单一，只有瓦、瓦盆、瓦罐等。生产量不大，一年四季只有夏天烧一些，冬天便停产。品色大都是灰陶、红陶、褐陶，根本没有黑陶制品，他们甚至连黑陶这种东西都没见过。

让人意想不到的是，绥棱黑陶的出现完全是一种偶然，是一场“人祸”后的让人惊喜的意外收获。

有一次，寇化林和他的叔叔寇喜在烧窑时，由于温度过高，土窑失火。慌乱中，他们把附近还没干透的玉米秸秆和正在晾晒的山草盖在了窑上，又在柴草上盖上一层土。火虽然控制住了，但是窑内的火把柴草烘干后又点燃了，由于柴草上边是一层土，所以浓烟透过土的缝隙一点点冒出来。待浓烟消失，土窑冷却后，他们重新打开土窑后惊奇地发现，用柴草烟熏过后的陶竟然成了黑色的。这种黑色凝重古朴、庄重粗犷，很受村民的喜爱。于是，寇化林和师傅从当地居民把剪好的窗花放到烟囱里，就可以熏成黑色的手工艺品中受到启发，多次试验后，终于发现了陶器变黑是由于柴草未充分燃烧产生的火焰和浓烟熏制而导致的，自此他们破译了黑陶生产中最核心的技术“熏烟渗碳”，揭开了中国现代黑陶发展的第一页。

此后，绥棱几代陶艺大师把精巧的心智和强大的心力，凝聚在他们温情的双手上，点燃了古老文明的现代火焰，最终实现了泥土的脱胎换骨，破茧化蝶，使绥棱黑陶从泥与火中涅槃而生。

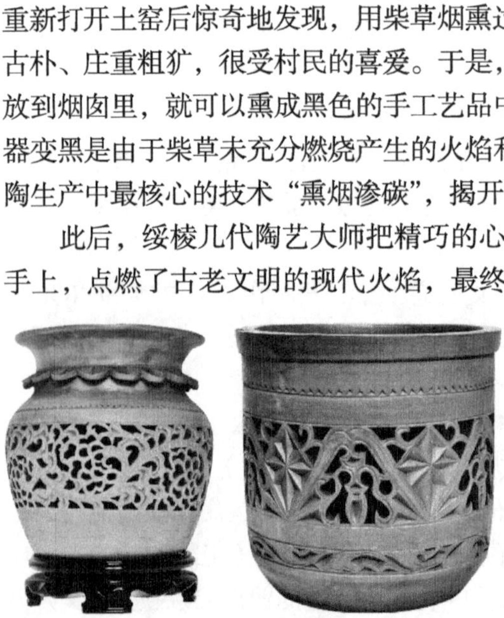

（a）　　　（b）

图 4-1-2　寇化林早期红陶作品

寇化林非常喜欢养花，于是他就自制了几个花盆，开始是单层的，用钢针画点儿花草，尝试在陶的表面刻画一些花纹、图案，他觉得有花纹图案的花盆远比没有图案的陶表面好看。没想到这种陶器烧出来后左邻右舍都很喜欢，大家都觉得很好看，于是纷纷来要（图 4-1-2）。

因为把泥土视为生命，那些被寇化林注入生命的泥土也有了灵性，在脚下这片热土上，寇化林不断地演绎出艺术的璀璨和辉煌。1948 年，寇化林首次制作并烧成的两只雕刻图案的花盆横空出世，这虽然只是两只图案简单、雕刻技法生疏的花盆，但正是从这两只花盆开始，中国现代的陶器实现了从实用功能向带有较多的艺术性兼实用性陶器的初步转变，标志着我国现代黑陶的萌芽（图 4-1-3）。

图 4-1-3　寇化林黑陶作品

虽然带有简单图案的陶器比没有图案的陶器美观多了，但寇化林并不满足于此，他又开始在刻画的基础上，开始雕刻，研究工具，发明了用钟发条做雕刻刀。这种刀不仅锋利，而且尖窄又有弹性，柔中带刚，非常适合雕刻，直到现在仍被使用；他用织毛衣的针来画线、画圆、刻画花草、树干；摸索出用三角瓦片来压上下对称的“狗牙”图案；他使用海蚌壳做研光工具，这在我国是首例；他自制烧成两方连续花滚，等等。

寇化林虽然心灵手巧，但却目不识丁，他根本不知道龙山文化是怎么回事，更不知道用理学中的离子渗透原理去解释“熏烟渗碳”现象。他生活在社会的底层，是典型的草根阶层，他在生活中所接触的都是剪纸、雕刻家具、刺绣等民间传统艺术，在草根艺术的汪洋大海里受到了深层次的浸润与影响，对民间手工艺的热爱成了他孜孜不倦地探索黑陶艺术的原动力。

正如刘家弟先生所说的：“是生活给了他启示，是追求生活美赋予了他灵性，使他创造出了一种新的艺术形式。”“实际上，寇化林能够无师自通拉出花盆，并雕刻上花纹，纯属是他朴素审美艺术的产物，用他自己的话说，是瞎鼓捣出来的。”总之，寇化林的黑陶艺术是草根的艺术，虽然刚开始时他的黑陶制作技艺没有得到艺术的规范，但他靠着不断实践和摸索却解决了很多黑陶制作中存在的技术问题，是当之无愧的绥棱黑陶和我国现代黑陶的发明者。

任何一项伟业的成功，无不是大家共同努力的结果。绥棱黑陶也同样是凝聚了多位艺术家的心血，才使这诞生于民间艺人寇化林之手的民间艺术，从初期的稚拙，艺术上尚不成熟到取得较高艺术成就；从自发的朴素的审美艺术追求，到有了一定专业艺术知识和技能的创作、制作队伍；从无名到全省、全国闻名，乃至闻名于世界上许多国家。在这个漫长的发展之路上，著名的艺术家刘家弟先后花费 15 年时间，组织多批专业设计人员到绥棱土陶厂扶持、指导、传授黑陶制作技术，提高艺术品位。

二、20 世纪中期：绥棱黑陶的传承与创新

1961 年，时任省手工艺管理局工艺美术处干部的刘家弟，在黑龙江省第一届工艺美术展览会上看到寇化林制作的四件双层镂空、花纹粗犷的黑陶花盆时，顿时眼睛一亮，他完全被这乡土味浓郁、独具特色的黑陶制品所震惊，因为双层并且镂空的陶器制作工艺当时无论是在中国还是在全世界都是首创。很快他就深入到这几件黑陶艺术精品的诞生地——绥棱县耐火材料厂调研和访问，并从专业的角度帮助寇化林总结了从前的黑陶造型和装饰纹样，帮助他办起了土陶制作工艺培训班，提供了许多参考资料。艺术的生命在于创新，艺术的力量来源于个性。因此，在具体指导中，刘家弟先生完全尊重民间文化的本真，丝毫没有从专业的角度过多干预寇化林的原生态创作，绥棱民间陶器本来的面貌被原汁原味地保留下来。刘家弟先生在不改变已经形成的风格特点的基础上对寇化林进行了专业的技术指导。他还系统地整理了寇化林的一些具有代表性的作品，对他的黑陶艺术生涯做了完整的回顾，对他的黑陶作品给予了充分的肯定和褒扬，而某些在艺术成就层面较欠缺的作品，他也提出了修改建议，使绥棱黑陶工艺质量得到很大提高。其间，有中央工艺美术学院陶瓷系毕业的张大祥和装帧专业的姜世禄，原哈尔滨艺术学院雕塑系毕业的杨世昌、栾修平、吴乃光，还有哈尔滨市工艺美术研究所泥塑老艺人张景春等人，到厂里指导造型、纹样等专业知识。各专业人士对绥棱黑陶进行了全方位的技术指导，使绥棱黑陶的工艺水平和产品质量达到高峰，尤其是寇化林研究的三层透雕、四层透雕工艺，即使是在当前，也遥遥领先于其他地方的黑陶工艺。将绥棱黑陶经过不断改进，到最终发展成为具有较高的艺术价值，寇化林一共花费了 20 多年的时间（图 4-1-4）。

图 4-1-4　多层透雕花盆（局部放大）

刘家弟不仅从技术和艺术上使黑陶的品质得到迅速提高，还先后组织了很多专业设计人员来到绥棱，帮助绥棱陶的发展。正如刘家弟在《绥棱黑陶回顾》一文中所说的那样："1961 年到 1967 年间，我先后组织多批专业设计人员到绥棱土陶厂帮助指导创作……我亲自为厂里的设计、雕刻人员开专业学习班，讲课，提供技术书籍和资料。这样，使土陶厂的设计和雕刻技术都提高了很多。"同时刘家弟还把绥棱黑陶作品的影响扩大到全国其他地区，绥棱现代黑陶在他的大力推广下也深受国内外陶艺爱好者的欢迎。

这一时期是绥棱黑陶发展的春天，更是绥棱黑陶提高艺术品位的机遇期，寇化林老先生一手研究创造的绥棱黑陶艺术，无论从设计、雕刻到其文化内涵上在这期间均达到一个新高度。同年寇化林彻底完成了成熟的绥棱花盆烧制工艺，该技艺被一直沿用至今。

1965 年，绥棱陶以其特有的民间乡土艺术特色和淳朴、自然、清新的艺术风格，给人们以较强的视觉冲击力和艺术亲和力，受到中外客商的喜爱，产品一度畅销到北京、上海、广州、沈阳、大连、哈尔滨等国内大城市和包括美国、日本、韩国、澳大利亚、英国、德国、法国、留尼汪岛等在内的十几个国家和地区。年产大约 10 万件。

1962 年，土陶车间从耐火材料厂分离出去，成立了砖瓦厂，下设花盆等车间，寇化林仍然担任厂技术员。

1963 年，我国著名泥塑艺人张景春两次来绥棱体验生活，搞创作，用黄黏土捏了一尊毛主席坐像，还捏了几尊佛像和几件花木兰从军的人物造型。

1962 年以来，淡雅、俊秀的绥棱黑陶花盆博得了中外顾客的青睐，北京、上海和香港等国内许多大城市都有它骄人的身影。1983 年，以大木贤次为团长的日本群马县“日本友好株式会社”贸易代表团一行 3 人到绥棱洽谈贸易，购买绥棱黑陶花盆 700 箱。

寇维军是绥棱黑陶创始人寇化林的儿子。1963 年，年仅 16 岁的他刚走出校门就开始跟随父亲学习制陶技艺。在继承寇氏祖传泥陶技艺的基础上，寇维军不拘泥于原有产品的造型与纹样，创造了挑花、压花、堆花、硬刻、深浅浮雕、刻陶、镶嵌、彩绘等表现技法。

1965 年，寇维军设计的浮雕花盆从广交会出口到 13 个国家和地区，1974 年他的作品双层镂空花盆，被授予“中国工艺美术品百花奖”。

清华大学教授杨永善说：“绥棱现代黑陶是从寇化林开始的，他是主要创始人，他的儿子寇维军是继承者和传播者。”杨永善教授还亲临绥棱进行指导（图 4-1-5）。著名红学家端木蕻良在获赠寇维军的黑陶作品后欣然提笔写道：“我国黑陶文化已有 5000 年历史，但制法早已失传，由山东寇氏四代维军同志锐力钻研，使之浮现于世。欣赏之余书此以贺。”。

图 4-1-5 杨永善教授亲临绥棱指导

由此可见，寇化林去世之后，寇维军是对绥棱黑陶发展和传播做出突出贡献的最重要的代表人物。他也因此在 2007 年，被评为黑龙江省非物质文化遗产绥棱黑陶制作技艺的传承人和黑龙江省工艺美术大师。

1977 年，花盆车间从砖瓦厂分离出去，成立绥棱工艺美术陶器厂，下设设计室、成型车间、刻画车间、干燥车间和煅烧车间，主要以生产花盆为主。厂址位于西门路北酱菜西院。厂区面积大约 2124 平方米，厂房面积 2500 平方米，职工 179 人，练泥机两台，开始使用电动成型机械。同年毛主席纪念堂落成，要求黑龙江绥棱县烧制 4 个黑陶花瓶。接到这项光荣的任务后，全厂职工奋战 14 天，烧制 8 个 120 型高 45 厘米、直径 55 厘米的双层通雕镂空花盆，最后精选出 4 个，由县里派专人护送到北京毛主席纪念堂管理局。

1979 年企业拥有职工 300 人，由手工制作过渡到机械化生产，品种达三十几个，质量不断提高，年产量为 40 多万件。1979 年，他的作品双层镂空花盆作为礼品献给人民大会堂。

1979 年春天，在上海中山公园举办了第二届全国陶瓷艺术展览会。这是自 1955 年北京举办的第一届全国陶瓷展览会后又一次大规模陶瓷展。这个展览犹如中国陶瓷艺术的百花园，各地陶瓷在此争芳斗艳。著名陶瓷产区景德镇、醴陵等地的传统陶瓷产品仍然风韵不减，全国各地的小型民间窑产的产品也魅力十足。其中最引人注目和使人感到有新意的是贵州平塘的釉陶和绥棱出品的黑陶。就是在这次展览会上，绥棱黑陶被评为全国陶瓷十大名产品之一，受到消费者的青睐。从此黑陶业有了“西南有平塘，东北有绥棱”的佳话。绥棱黑陶花盆因市场需求猛增收获了可观效益。

图 4-1-6　寇维军与其山东弟子们研究黑陶设计

据不完全统计，1979 年，寇维军离开绥棱后，开始在国内的部分省市传道授业，在山东、北京、广州、江苏等地，先后组建黑陶研究所 6 个，帮助当地兴办黑陶企业 16 家，培养黑陶传承人 2 人、学员 800 多人（图 4-1-6）。其中传承人邢葆东被评为国家级大师，并创建中国黑陶博物馆。目前这些企业仍然使用绥棱寇氏黑陶的制作工艺，这对绥棱黑陶技艺在全国的传播发挥了很大的作用。

1981 年，寇维军的黑陶作品被宋庆龄故居列为珍品收藏。1988 年，中国老年书画研究会特约寇维军制作黑陶工艺品赠送给黄胄、启功、张君秋、董寿平、端木蕻良等各界著名艺术家，受到他们的高度评价。

自 1974 年以来，《黑龙江日报》《黑龙江画报》《山东工艺美术》《山东画报》《人民画报》《北京日报》《光明日报》等多家报纸、杂志，刊登过寇维军的陶艺作品，介绍其创作和传艺授徒情况。自从事陶艺制作以来，寇维军先后有3件作品获国家级奖项，获省级奖项5项，其事迹先后在国家、省市级各种新闻媒体报道41次。

美国著名人类学家罗伯特在《文明与野蛮》一书中曾经写过这样一句话："要单拿一种活动来判断一个民族的文化发达程度，陶器要算最合适的。"从1984年一直到2006年，整整22年的时光中，作为中国现代黑陶发祥地的绥棱，在传承绥棱黑陶文化上却出现了断层。分析其原因，大致有如下几点（王国武，刘畅，2009）。

一是产品固有的特点。企业主打产品为单层和双层花盆，产品合格率太低，单层花盆甲级品率只达75%，双层花盆甲级品率仅达到50%，尤其双层花盆的出口率仅为30%，导致企业亏损运行。

二是包装问题。企业有订单，可没有回头客商。主要原因是由于产品手工成型，个体之间都有差距，无法保持包装的统一标准，致使产品运输途中破损率太高。

三是体制的束缚。企业产品的出口业务，全由外贸负责包办，企业无权也无法和客商进行磋商和联系，至关重要的产品价格，企业也无法自主决定。由此导致了企业只管生产，不研究市场变化，不重视经济效益。

四是运营成本高，致使产生"胎里赔"。自1984年开始，企业先后生产饮料、配电盘、柳编、窗户套子、骨灰盒等副产品，但发展副业养不了主业，由于产销对接不上，不但没挣钱，反倒背上近百万元的包袱。

20世纪80年代中期，由于企业以副业养主业，绥棱黑陶也因此落入了低谷。企业进入低谷致使技术人员外流，1985年先后有10多名技术人员纷纷"南飞"，随着技术人员的外出，绥棱黑陶的制作技术也开始流传，特别是1979年寇维军带着家人去了山东德州，把绥棱黑陶的制作技术传遍了全国10多个省份。

2006年，绥棱黑陶经市场经济大潮的冲刷，一时失去光泽、埋于泥土；而艺人纷纷南下各奔他乡，却也使绥棱黑陶这一神秘制作技艺开始流传。新的一届县委、县政府把拯救和保护绥棱黑陶摆上重要日程，全力推进，重点扶持，使绥棱黑陶重新焕发了生机和活力。一是加大吸引力度。县委县政府多次给在外绥棱艺人打电话进行沟通联系，并先后三次组织人员南下广州、辽宁等地进行走访，鼓励他们回乡创业，重新叫响绥棱黑陶品牌。在县委、县政府的殷切期望下，2006年以来，原绥棱县工艺美术陶器厂技术员尹伊君，绥棱县工艺美术陶器厂厂长裴龙和寇化林之子寇维军先后回乡创业，兴办了绥棱黑龙工艺黑陶厂和绥棱黑陶研究所。二是加大宣传力度。通过建立绥棱黑陶艺术网，参加哈洽会、广交会和深圳文博会等大型商务活动，加强与媒体的沟通联系等方式，全面加大绥棱黑陶的宣传力度，扩大绥棱黑陶在全省、全国乃至全世界的知名度，提高绥棱黑陶的品牌效应。绥棱也被哈尔滨师范大学和绥化学院确定为“产、学、研”协作单位和教学实验基地，特别是“绥棱黑陶制作技艺”以其高含量的学术价值和丰富的人文内涵入选黑龙江省首批非物质文化遗产名录。

绥棱陶源陶文化艺术开发有限公司自成立以来，作品连续多次获得大奖。侯力平与尹伊君合作设计《二龙戏珠》在第八届中国工艺美术大师作品博览会上荣获“百花奖”银奖，侯力平被中国收藏家协会评为2008年中国收藏家喜爱的工艺美术大师。侯力平设计制作的黑陶作品《龙纹尊》在中国首届非物质文化博览会上荣获金奖和银奖；“浮雕龙”系列作品获第七届中国工艺美术博览会暨古典家具收藏品博览会“中艺杯”金奖（图4-1-7）；上海世博会、中俄商品博览会等许多重大的商贸会都留下了他设计的黑陶作品；其作品还先后荣获省以上的金、银奖20多次。他的黑陶作品多次被省政府作为礼品送给国际政要。

（a）　（b）　（c）

图 4-1-7　“浮雕龙”系列作品

2010年，一部较为完整地记述绥棱黑陶制作技艺和艺术风貌的著作《绥棱陶艺》由黑龙江美术出版社出版。它的问世彻底弥补了绥棱黑陶只有实践而无理论研究和总结的遗憾。这本书的作者就是侯力平。

2007年，绥棱现代黑陶文化艺术有限公司成立，总经理是刘兴印，他先后申请“黑色陶器制备方法”“炎黄陶制备方法”两项国家专利，其主持设计研发的鼎、方尊被钓鱼台国宾馆收藏、陈列，他的陶艺作品多次获得省级以上大奖，其企业也被评为黑龙江省小明星企业。基于对黑陶的贡献度和影响力，在中国工艺美术协会大会上，他被选举为中国工艺美术协会理事。

2006年10月，裴龙建起了黑龙工艺黑陶厂，由绥棱黑陶第五代传人孟庆义任技术厂长。该厂集结了原县工艺美术陶器厂的技术精英，在弘扬绥棱陶镂空通雕艺术的同时，努力将民族文化底蕴付之其中，并采用多种工艺方法，充分表现多种优美的艺术效果和内涵，使作品具有逶迤曲折、自由生动、刚柔相间变化丰富之特点。产品主要销往哈尔滨、齐齐哈尔、牡丹江、佳木斯、大庆、辽宁、北京、山东、青岛等地。该厂还先后研制了仿金、仿铜、仿古、硬刻、描金、雕塑等一系列黑陶新产品。2008 年，为庆祝北京奥运会召开，他们成功地制作了国内罕见的 2008 毫米高的“中华龙瓶”。2011 年，裴龙不幸车祸而亡，黑龙工艺黑陶厂因无人管理而停产。

2008 年 8 月，绥棱县职业技术学校黑陶实训基地成立，后来引入个人投资建起了绥棱县龙升陶文化艺术有限公司。公司由个人经营，但要无偿培训职业技术学校黑陶专业的学生。2011 年后，由 1955 年出生的孟庆义担任绥棱县职业技术学校黑陶专业专职教师，五年来共培养出优秀人才 50 多名。其学生的作品在全国职业技术成果展上被评为金奖，在东北三省文化博览会上被评为银奖。

自此，绥棱黑陶生产企业达到 4 家，年生产能力 10 万件以上。

第二节　绥棱陶器装饰技法

一、黑陶物质材料

绥棱县地处小兴安岭南端西麓，素有“六山一水三分田”之称，境内崇山峻岭，拥有丰富的矿产资源。绥棱黑陶就是采用绥棱境内的黄黏土经淘洗、练泥等二十多道工序后制成的。除黄黏土外，在绥棱境内还拥有白瓷土、高岭土和绿黏土这几种极为珍贵的制陶原料。这些矿土成分构成复杂，而且各不相同。绥棱陶器工艺品的制作工艺无论是色彩、造型、纹样、镂空，还是黑陶制作的最核心技术“熏烟渗碳”技艺，都是绥棱黑陶传统工艺的闪光内核，赋予中国现代黑陶文化的诸多影响，不失本色，并超越本色。这种超越在工艺上就是不断地挖掘和创造新的技术，在产品上就是不断增加产品的种类，丰富产品的内容。

以红瓷土为例。据黑龙江省第四地质勘察院实验，其化学成分主要有二氧化硅、三氧化铝、氧化钛、三氯化二铁、氯化钙等 9 种物质，是制作黑陶的上等原料。绿黏土黏性较大，质地柔软，适于雕刻，可塑性强，不变形，成型后不太回缩，土质细腻，易于抛光。烧制成型后的陶，呈浅黄色，而且色彩生动，填补了绥棱黑陶颜色上的空白。高岭土（白瓷土）经国土部门实验得知，以 1200℃烧制时可以成瓷，也可以烧成白色的陶。若与黄黏土、红瓷土混用，烧制出来的陶器因各自含量及温度的不同而呈现出不同的颜色。

黏土是长石类岩石经过地质作用与长期的风化作用形成的，储量多、分布广，可视为一种极易获取的自然资源。黏土（含水铝硅酸盐）的主要化学成分是二氧化硅、三氧化二铝和水。普通黏土有少量的腐殖质及其他杂质。由于含铁量的不同，通常呈现黄褐色或红褐色。黑龙江等地将这类黏土称作黄胶泥、红胶泥。

黑龙江现代黑陶的原料在提高品质、加强性能等不同要求下做了配方上的改良。泥料在烧制温度上的调整，增加了黑陶的机械强度。原料的精细化处理，增强了其可塑性。陶坯表面的细腻度得到了改进，也在一定程度上提高了黑陶制品的成品率，增加了黑陶制品的丰富性。

（一）黑陶物质材料特性

1. 黏土的可塑性

制作黑陶的黏土通过与水的均匀混合后形成泥团，泥团在被施加外力的作用下发生不开裂的形变。当消除外力之后，因受外力而改变的形状仍然保持。黏土的这种性质被称为可塑性。

黏土的可塑性与颗粒的细腻度及含水量的多少有直接的关系。细腻度越高的黏土可塑性越好。黏土与水要遵循一定的配比，水量少时黏土的可塑性不能够完全体现，在施加外力下极容易开裂；水量过多黏土则成为泥浆而失去可塑性，可塑性是黑陶塑性成型所必要的先决条件。

2. 黏土的结合性

具有可塑性的泥土经过一定时间的晾晒与干燥，便具有了更强、更坚韧的硬度。它可以更好地封闭泥土颗粒之间的缝隙，保持黏土的粘连性。检验黏土结合能力的大小，可以从在泥团中混合非可塑性物料（石英砂或熟料）的多少来测定。这种高强度、高韧性以及粘连性特征使得黏土成了制造黑陶坯体的极佳材料，它能够在烧制过程中保持坯体的不变形，同时给予了修坯、纹饰刻绘等黑陶制作的后续工作较大的方便。

3. 黏土的收缩性

黏土的体积随着干燥和烧成时间而逐渐变小，我们把它称为黏土的收缩性。黏土收缩分为干燥收缩和烧成收缩。

陶泥经过一定时间会变得干燥，并且会产生一定的化学变化。水分的大量蒸发使得黏土颗粒的间距缩小从而产生干燥收缩。陶坯在烧成时，因为黏土在高温下，部分产生的液相填充在分子间隙中，以及某些结晶的生成和聚结，使陶坯的体积进一步收缩，称为烧成收缩。

4. 黏土的烧结性

黏土的烧结性是陶土在烧成后的重要物性特征，是确定黑陶等陶瓷制品烧成范围的主要参考指标，也同时决定陶瓷产品的适用范围，比如建筑陶瓷、陈设陶瓷、卫生洁具和日用陶瓷等。陶瓷烧结程度直接与陶瓷的吸水率、陶瓷的机械强度密切相关，而陶瓷的这两种指标决定了陶瓷的实用功能的材质性分类。

陶瓷黏土在1000℃左右，其中易熔物质开始部分熔化，液相（液态或胶态物质）逐渐填充于未熔颗粒之间的空隙中，依靠液相表面张力作用力拉紧，从而使黏土的气孔率下降，密度相对提高，体积变小，陶坯因此变得致密坚实。当陶坯的气孔率下降到最低值，密度达到最大值时的状态称为黏土的烧结状态。烧结时的对应温度称为烧结温度。烧结温度因黏土的不同而异，一般低于黏土完全熔融温度几十摄氏度。

在黏土达到烧结状态之后，如果继续升温，将会出现气孔率上升，密度下降的阶段。这一阶段称为过烧。从黏土开始烧结到过烧膨胀之间的温度间隔称为黏土的烧结范围。

黑龙江原始黑陶，良渚黑灰陶以及现代的绝大部分黑陶的烧成温度在1000℃以下，并没有达到完全烧结。

5. 黏土的耐火度

黏土耐火度表征材料抵抗高温作用而不被熔化的性质，是制陶黏土材料的重要技术指标。通常含钙、钠的碱性氧化物会降低黏土的耐火度，而黏土中三氧化二铝、二氧化硅的比值越大，黏土的耐火度也会相应地越高。

在胶泥中加入一定比值的高岭土或熟料粉末，或者混入一定比值的石英细粉，是黑龙江地区现代黑陶为提高黏土耐火度的一般做法。

（二）黏土的加工

1. 黏土的风化

在黑龙江地区的黑陶产地（绥棱、勃利等）参观厂区时，不难发现其都有大面积的露天或半露天的储泥堆。这就是黏土加工中进行风化作用的场所。黏土风化是将原矿泥露天堆置，经过半年（6个月）以上的暴晒、雨浸、冰冻、雪融的综合自然作用，从而使原料发生碎散，溶解与氧化的过程。黏土风化作用表现为以下两个方面。

1）水分在泥堆中渗散，干湿分布趋于均匀。

2）阳光照射，触发硬质原矿的崩裂，增加黏土颗粒的细度并形成腐殖酸，黏土的可塑性得到增强。

2. 淘洗过滤

世界上第一部关于农业、手工业科学技术的综合性著作《天工开物》中对于陶瓷原料的加工有明确的描述，其中黏土的淘洗过滤是我国古代沿用了千年的科学加工方法，又称为水簸法。

根据粗细不同的黏土悬浮颗粒在水中沉降速度不同的原理，杂质和粗砂分层沉入水缸底部。人工进行逐缸搅拌淘舀缸体上部泥浆，从而序次获得越来越细腻的黏土悬浮液。经过一定时间的沉淀澄清，再排除缸体表层的水，较稠的黏土即可取出。

淘洗过滤的前期，值得注意的是要用筛网除去木屑、树皮、枯草等杂物。这些杂物比重较轻，极易被随表层泥浆一起淘出，造成下一缸泥浆的污染。

3. 黏土的陈腐

黏土的陈腐需要泥池密闭，而且需要保持一定的湿度和温度，这样的环境有利于泥料氧化和水解反应的进行。泥料陈腐的原理一是促进水分的均匀分布，二是生成的细菌促使泥料中的有机物腐烂，产生有机酸，进一步提高黏土的可塑性。

泥料的长时间陈腐对改善黏土性能的作用很大，同时也会给黑陶生产带来一些负面的影响，封闭型泥池会占用黑陶工厂较大的空间，而且延长了黑陶生产用料的周转期。

4. 真空练泥

通过现代设备进行真空练泥，能够有效排除泥料中的空气残留，提高泥料的致密度和可塑性，是提高黑陶生产效率的方法与技术。

5. 揉泥

先进的练泥设备能够为我们提供有效的帮助，但有一个步骤不能被取代，这就是做黑陶前的一个重要的准备程序——揉泥。揉泥是陶艺创作必须首先掌握的基本技能和技巧，是成型的第一道工序。通过揉泥了解泥性，目的是使泥料中的水分充分均匀，增加泥料的致密度，使之有更好的可塑性，防止烧成过程中坯体中存在气泡而引起炸坯。

通过手与泥的充分接触，能准确感知泥的干湿、塑性和粗细程度，使制作者对泥料性格有初步的认识和了解。一些顽固的杂质和气泡可以在揉泥中被排除——人对泥的态度真诚以待。把泥团内部的结构排列秩序化，有利于成型的顺畅——泥料顺从于人的手，帮助实现作者的造型构思。在揉泥的过程中，会实现人与泥的双向交流，这一点是通过机器设备做不到的。揉泥使泥料更富有韧性，便于拉坯和成型，经过揉泥后的泥料切开后无气孔。传统的揉泥方式有两种。

1）菊花瓣式（图 4-2-1）：用单手将泥团反复揉压，使之成为菊花瓣状，以旋转的方式推搬，然后收紧成团。

菊花瓣式（a）：先取一块黏土，双手合拍成泥团，视其干湿度决定要不要加水以及加水的分量。

菊花瓣式（b）：左手扶住泥团作为支点，右手有节奏地操压泥团，并不断旋转。

菊花瓣式（c）：按顺时针方向旋转泥团重复动作 50～60 次为宜。在揉搓、旋转的过程中泥团呈现菊花花瓣的形状，故称为“菊花形操泥法”。最后揉成锥形泥团。

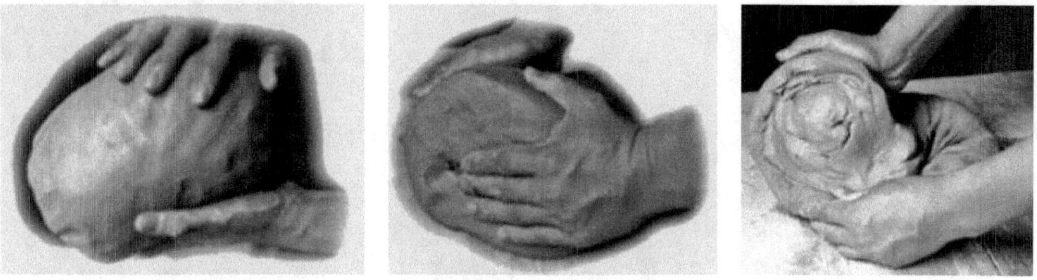

（a）　（b）　（c）

图 4-2-1　菊花瓣式

2）羊头式（图 4-2-2）：用双手将泥团反复揉压，使之成为羊头状，以旋转的方式推滚，然后收紧成团。

羊头式（a）：将所取的泥块拍打成长形，使泥团的长度可以容纳双手的操压。

羊头式（b）：双手握住泥团的两头均匀地揉压，使泥团滚动起来。重复同样的动作大约 30～40 次即可。

羊头式（c）：在操压的过程中，泥团呈现羊头的形状，泥团的两端正好是牛角。最后将泥团揉成椭圆形。

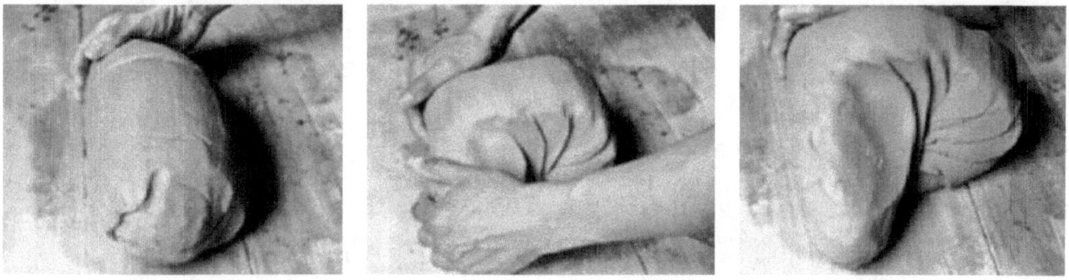

（a）　（b）　（c）

图 4-2-2　羊头式

（三）黑陶制作工具、设备、雕刻刀具

古人利用光滑的石头、兽骨、片弧状的贝壳在土陶器物的表面进行反复压磨研光。现代黑陶的抛光制作，多用塑料片、牛角片、塑料棒和玻璃棒替代（图 4-2-3）。这些工具具有取材易、价格低、光滑耐磨、方便使用等特点。

艺术加工使用的工具也是来源于生活中顺手可以改造而成的小物件。

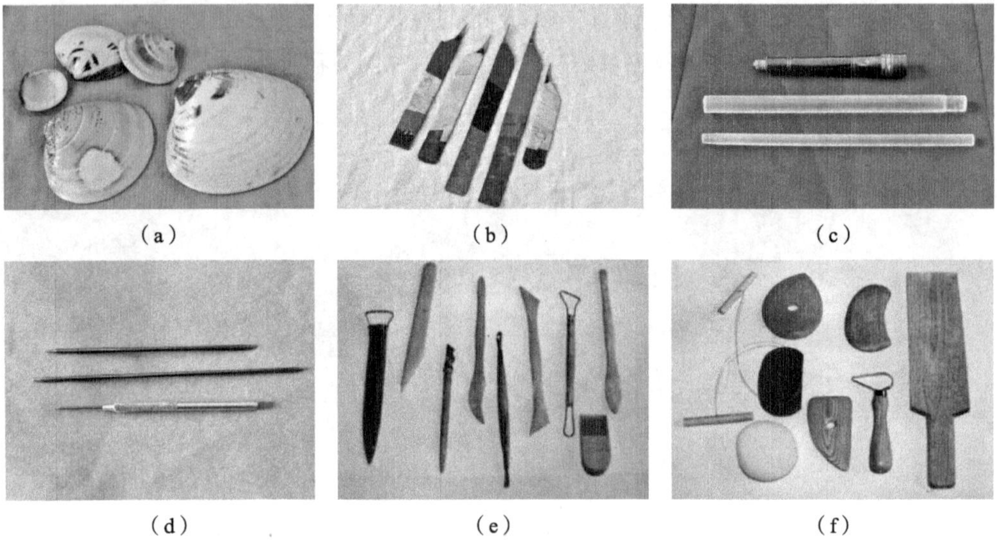

图 4-2-3　各种黑陶工具

现代制陶设备有以下几种。

1）拉坯机：用于拉坯成型、修坯。很早以前我国先民就发明使用了手动木轮辘轳、石轮辘轳制陶。现代黑陶工厂一般使用电动拉坯机，此种型号拉坯机比老式的辘轳转台平稳，并且可以调节转速与旋转方向。

2）高速振动筛。

3）搅浆机。

4）隔膜泵。

5）压滤机（挤榨机）。

6）真空练泥机：练泥机分普通练泥机和真空练泥机两类，有多种型号，该设备主要用于炼制坯料，并使坯料结合紧密，含水均匀，排出空气。

7）泥片机：可根据需要经过调节压挤出各种厚度的泥片。

8）球磨机：是物料被破碎之后进行粉碎的关键设备。球磨机是陶瓷生产中广泛使用的高细磨机械之一，球磨机适用于粉磨各种矿石及其他物料，可分为干式和湿式两种磨矿方式。

二、造型和装饰

（一）造型特点

装饰是人类对自然物或人造物的表面进行美化改造的过程，造型和装饰直接或间接地反映人的社会生活和审美取向。黑陶的装饰方法由于材质的局限，有别于其他门类的陶瓷装饰，它没有红陶、瓷器琳琅满目的装饰、流光溢彩的丰富性，这也恰好凸显了黑陶装饰语言卓尔不群的自身特色。

密山新开流文化（距今7000年）、嫩江流域昂昂溪文化（距今5000～6000年）等遗址中发现，黑龙江古代黑陶的装饰以绳纹、网纹、压印纹和编织纹为主，题材主要为山川河流等自然景物中提取的几何纹样。

波光水影展现了黑龙江地区漫长的原始渔猎生活，民间有一种约定俗成的审美评判，即"远看气势，近看细致"。黑龙江绥棱黑陶的造型解决了第一方面的审美问题。自古以来，饱满雄浑、粗犷大气是黑龙江流域先民渔猎文明的一贯的审美准则。黑龙江绥棱现代黑陶的造型基本上延续了这一风格。

20世纪中叶，绥棱陶瓷厂对以往粗放的陶瓷造型加以改良，对传统的陶灯、花盆，甚至丧葬用器的造型做了大量的分析研究，从而推出了第一批陈设黑陶造型。此批黑陶一经推出就在全国性工艺美术展览中大放异彩。

绥棱现代黑陶的造型摆脱了实用器皿的局限，继承了历代陶瓷经典造型的传统，新的造型尝试也很多，黑陶的制作以拉坯成型为主，所以一些中轴对称的器皿造型成了黑陶的主流造型。

（二）装饰纹样中体现的美学特征

黑龙江黑陶艺人们从传统吉祥纹样、吉祥图案、东北民间剪纸、花窗木雕等艺术中汲取营养，发展出了独具魅力的黑陶装饰语言。现代黑陶美丽生动的种种纹饰，也从一个特定角度折射了当下黑龙江人民美好生活的现实与愿景。黑陶艺术的造型要比彩陶的造型更为丰富多彩，随之也逐渐定性化。中国古人们对陶器工艺的造型的重视，不仅是基于陶器自身的实用价值属性，也是因为它被古人作为了自身审美意识的载体，在黑陶中我们可以品读到古人对于艺术和美学的独特理解。由于地域的差异，古代人的生活习惯也不同，对于黑陶的造型艺术也逐渐有所区分，因而黑陶的造型艺术的样式是丰富多彩的。同一件器物由于成型方法不同就会出现不同的艺术风格。黑陶造型的整齐形式给人以宁静、沉稳及秩序感，体现了造型形式的规律性。黑陶造型形式的审美特征的显著提高是由制作技艺的不断进步推动的。陶鬶造型是充满母性的特征，这种美感的灵感来源于人体的形态美，这也是人类造型设计意识的初级萌芽状态。黑陶艺术的造型便来源于这种对形态美感的追求，时代的审美风尚会影响到陶器艺术风格的表现。但无论时代气息多么浓郁，在造型中把握整体和局部的关系、追求和谐统一、追求形式美感等一直都是陶艺家们的最终目标。

（三）黑龙江绥棱现代黑陶所遵循的造型美原则

黑陶产生的初期，在原始人们的生活中重视对于使用功能的要求，等到了阶级社会和国家机器的诞生，社会生产力水平大幅度提高，这就使得陶器承载了更多的精神意蕴，陶器也开始成了身份与王权的象征。

在原始时代黑陶造型在设计时无论是尺度、比例、纹饰、附件都是以供人使用的功能为主。而现代黑陶则早已脱离了实用功能，对现代黑陶的设计完全是为了展现它的审美特征和文化价值。原始时代黑陶的造型一切从实用出发，对于黑陶的各个部分诸如器壁、口沿、圈足等部分都有极其严格的限制，确保使用的方便。而到了现代社会，这些被忽视了千年之久的造型因素重新受到了重视。

黑陶器物的实用功能是当时人们发明器物的动力，器物主要是为了服务于人们生产和生活的需要，来满足人们最原始的基本生存需要，这是符合原始社会的生产力发展水平的。到了新石器时代晚期，器物的造型也逐渐丰富，用以提高人们的生活质量，从而更好地服务于人们的生活。当时的人们已经懂得朴素自然的器物造型的设计观念，器物的实用性决定了设计作品的存在价值和意义。艺术来源于生活，也是为生活服务的，人们对于器物的整体追求已经不只是实用功能上，对于美的需求也在不断提高。

1. 黑陶艺术造型要素变化与统一

（1）线形的变化统一

中国古代对于方圆之说源于古代钱币，古代钱币方中有圆，圆中有方，外部圆内部方是人类最为朴素自然的设计理念，它呈现出的是一种和谐自然的审美观。体现在黑陶艺术中便是造型中的曲线与直线的交织，刚柔相济，在曲直中寻找一种协调统一的效果。

（2）空间关系的变化统一

黑陶艺术造型将技艺材料转化成形态语言，创造出具体的视觉空间，造型形态所占有的实际的空间是造型的物理空间，在视觉上造型的起伏变化是造型的心理空间，物理空间和心理空间的不同性质在黑陶艺术造型设计中可以产生不同的效果，不同的空间变化统一可以使造型形态达到更好的视觉效果。两个造型形态相同的实体，在局部造型设计的位置或造型的形式不同，会产生不同的虚拟空间，但是这种虚拟空间的不同会让人视觉上有很大差异。

（3）体量关系的变化统一

黑陶艺术造型设计中还要注意体量的大小关系的对比协调，造型的各个部分都存在体量的差别，造型的各部分体量的差别关系到造型的实用功能以及艺术审美的处理。处理好造型与体量的关系，可以使黑陶艺术造型突出各个部分不同的造型特征，达到统一与变化的目的，更加突出造型的特点。如果体量之间的对比大小过于悬殊，将会造成整体造型的严重不协调；反之，如果体量之间的对比太接近，就会造成造型上对比的不明显，达不到想要的视觉效果。体量关系的确定还要根据人们对实际的功能效用的不同需求，不能主观臆想，否则会影响到器皿的使用功能，同时也会影响到其审美要求。

2. 黑陶艺术造型结构与功能的统一

黑陶艺术造型设计中，其造型的结构形态必须与其功能保持和谐统一，造型的结构要符合造型本身的功能。造型的结构形式要和它的功能达到和谐统一，更要和黑陶的技艺、物质材料等客观条件达到和谐统一。

3. 黑陶艺术造型与工艺性的统一

黑陶艺术造型设计合理才能符合制作工艺的成型要求，以实际功能性为基础，最终实现造型合理的设计。设计黑陶器物的把手时，首先要考虑人们使用与清洗方便及触感上的舒适，还要考虑是否符合人体工程学。黑陶的碗类造型足底部分成直角造型，足圈部分一般比较薄并且有一定的高度，这样的造型便于人们端起碗的时候食指和中指抵住足圈，不易滑落，也有效地防止了过热烫手。黑陶的造型在烧制的过程中也会出现变形、开裂、气泡等很多问题。黑陶艺术造型设计不合理容易造成器物在烧制过程中变形，所以在黑陶烧制过程中每一道工序都是很重要的。

根据现有的资料研究黑陶艺术造型的演变可将其分为三个时期。

第一个时期是初始期。从龙山文化到 20 世纪 50 年代前期。这个时期不仅奠定了黑陶艺术造型的基础，也构建了黑陶艺术稳定的审美风貌。

第二个时期是发展期。从 20 世纪 50 年代后期至 80 年代末。这个时期是黑陶艺术的当代革新期。此期人们对黑陶的制作工艺进行了综合分析研究，分别从陶土的选择、工艺流程、成型方法、烧制阶段来考虑黑陶文化的制陶工艺。通过陶器的造型来表现黑陶的艺术特点。这个时期轮制法得以普遍使用，提高了黑陶的生产速度与黑陶产品的质量。

第三个时期是深入期。从 20 世纪 90 年代初至今。这个时期重视黑陶造型艺术的文化价值、经济价值和历史价值。而在 1997 年时一些专家学者已经不仅仅针对陶器器形、纹饰与审美风格方面进行研究，更多地将关注领域扩展到它的社会学意义和生态学意义等方面。

黑陶发展到今天，随着人们生活节奏的变快，经济水平的不断提高和生活方式的逐渐变化，对黑陶艺术的创新提出了更高的要求，人们需要在继承前人艺术精粹的基础之上创造出更多符合现代审美需求的黑陶作品，这样才能够让这门艺术经久不衰。

三、黑陶的装饰方法和步骤

黑龙江绥棱现代黑陶的装饰有其源远流长的传统脉络，也有继往开来、与时俱进的创新和发展。黑龙江绥棱现代黑陶的质地幽深而古雅，很像暗夜的清光，又有墨玉般润泽。现代黑陶材质本身就非常美，而且是一种深沉、内敛、质朴的静态美。以这样的材质为载体，加以刻、划、镂、雕的纹饰，更显得明暗起伏，层次丰富，增加了黑陶活跃灵动的动态美。除此之外，装饰纹样题材的多样性，拓展了黑龙江绥棱黑陶类型和样式发展的空间。

（一）拉坯

拉坯是制作陶的七十二道工序之一，是成型的最初阶段，又叫做坯，属器物的雏形制作（图 4-2-4）。手拉坯成型是一种古老的技术，它是在转动的轮盘上进行的。拉坯成型是将制备好的泥料放在坯车上，利用拉坯机产生的离心运动，在旋转过程中，对含水半固化状态的泥料按照设计构思拉伸成型，用轮制成型方法制成具有一定形状和尺寸的坯件。拉坯是我国陶瓷器生产的传统方法，凡圆器、琢器均用拉坯方法成型。

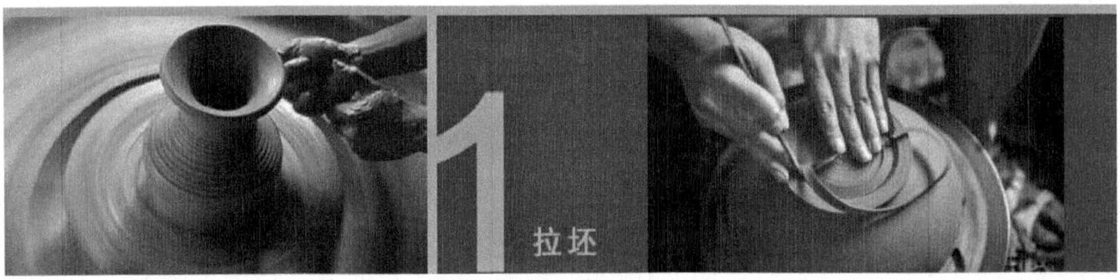

图 4-2-4　拉坯

用手工将可塑泥拉制成各种形状。拉坯轮现在用电动轮，过去则用的是手搅轮。手搅轮是用一特制青石轮盘，固定放置在一个轮轴上，石轮上面边缘处有一小坑眼，手拿一细长木棍插入小坑眼内，按逆时针方向用力摇动，使石轮快速转动，石轮上放一泥团，待石轮转开后利用其惯性即可拉坯。当石轮转速降低将停下时，继续转动石轮，使其运转，循环往复直至坯拉成。

拉坯就是整个工艺的核心内容，拉坯的好坏将直接决定后期黑陶的造型是否严谨。拉坯要具备两个必要因素：心平气和、眼准手稳。拉坯之前一定要对器形设计明确目的，做什么样的器物运用什么样的手法，这都是必须在心里设计好的，也要在草稿本上设计好线条、纹样等，如设计线条该怎么用手拉坯去完成，做好这些心理准备才可以拉坯。

拉坯的第一个环节在于抱泥头，泥头正不正就决定了能不能拉成坯。

抱泥头指的是把揉过的泥摔在轮盘上，用双手把这块泥给抱正，所谓抱正就是泥和轮盘是同一个圆心。这样才能进行下一个工序。

首先要经过来回数次的拔高和摁压，从而再次排除泥之中的杂质、气孔和提高泥的可塑性。然后开始拉坯，拉坯过程中一定要稳，速度要适当，根据制作者心中所想的器物线条，转换成手法使手上的泥块运用自如。

拉坯成型是一种古老的陶瓷成型方法，其原理是利用辘轳旋转时的离心力，通过双手与泥的密切配合，制作出对称、中空的圆形陶瓷造型。

拉坯基本步骤如下。

1）上机：准备好拉坯用具，即拉坯机、割线、吸水海绵、鹿皮条和一盆水。把揉好的泥团放置在拉坯机的中心。

2）按压：双手手掌压住泥团，使泥团跟拉坯机粘紧。

3）拔柱：用水沾湿手，手掌抱住泥团，打开拉坯机的开关，等机器转动以后，往上均匀用力拉，大概每转一圈，就上升一点高度，然后按压回扁平状，再向上拉、再压，反复几次。

4）拉筒：定好中心，用拇指在中间按开一小口，外扩，注意底与边泥量的预留，然后用左右手分置坯筒内外两侧，借助双手手指相互挤压的合力向上提拉。

5）修整：调整器物侧面弧线，用鹿皮精修器物口部。

6）成型：最后得到预先设计好的造型，清理坯体足部的废泥，用割线将陶坯取下。

转轮上的拉坯成型工艺是历史最为悠久的也是主要的制陶工艺之一。转轮拉坯成型经过用脚踏或手动形成的动力使转轮旋转，演变成全自动的现代化设备而广泛流行并被人们使用，而大众却没想到它的难度。如何学会拉坯成型、理解它的特性、贯穿制作者的创作理念，达到设计造型的效果或者出现意外的效果，熟能生巧是重要的秘诀。拉坯娴熟程度不够，坯体偏心，会使坯体薄厚不均，坯体变形。

（二）修坯

修坯可以借助工具修，也可以在拉坯机上独立完成（图 4-2-5）。它是在拉坯的基础上完成的，也就是说，所拉的器形的内形控制了外形，内形的线条顺不顺，也就决定了修坯修得好坏，在修坯过程中，要做到：勤、稳、准、快。

“勤”讲的是要多感受坯体的厚薄，也就是用手敲打坯体听声音来辨别坯体

图 4-2-5　修坯

的厚度，做到整体厚薄均匀。

“稳”讲的是修坯过程中下刀的力度，有时候走一刀可能会要一气呵成，所以一定要稳。

“准”讲的是拉坯的内形与外形配合，线条要准，要流畅。

“快”讲的是修一个坯的用时，要提高工作效率。

手拉坯成型要求手工技术水平高，劳动强度也较大。这种方法适用于钧瓷圆形器皿，如盘、碗、洗、樽、壶、罐、瓶等产品的成型，尤其是传统钧瓷仿古器形，非手拉坯不能得其神韵。手拉坯产品一般手感较重，个别的胎体较薄而分量较轻。由于是手工制作，即使是同样的产品，其高低、大小、轻重和形状也不可能完全相同，就像千人千面一样。

修坯是拉坯成型的关键环节，它决定了一件作品造型的基本呈现，因此要注意把握坯体的干燥程度、修坯刀具的平稳、刀口的方向和走刀的流畅。

修坯基本步骤如下。

1）等陶坯晾至半干才可以进行修坯，坯口向下，用半干泥团固定坯体。

2）开机旋转，逐层修平底部。

3）定好底部中心点，从中心往外平稳走刀，将坯底侧边修圆。

4）把坯翻转放正，修坯身和坯口。

在完成造型收缩变化后，收口是造型的重要一环，对技巧的掌握要求很高，它涉及手的位置和力量的大小以及转轮旋转的速度。收口也是造型的点睛之笔。手可以使造型缩小或扩大，可以使坯壁变薄或变厚，可以提升或降低造型的高度，黏土的软硬对收口或收颈尤为重要。

（三）打光

雕塑结合透刻的陶体，要进行抛光，使用的工具有塑板、塑料棒（大小不等）等。拉型后需放在阴凉干燥处，用报纸和塑料袋罩上，防止水分流失过快影响坯体柔韧性。打光是对阴干符合要求的坯体进行修整，使之达到要求的器形，使薄厚一致。抛光是对已达到器形要求的坯体，使用塑料板进行抛光，有的抛光前需上水，便于抛光，过去用贝壳，但光度不够，表面不平（图 4-2-6）。

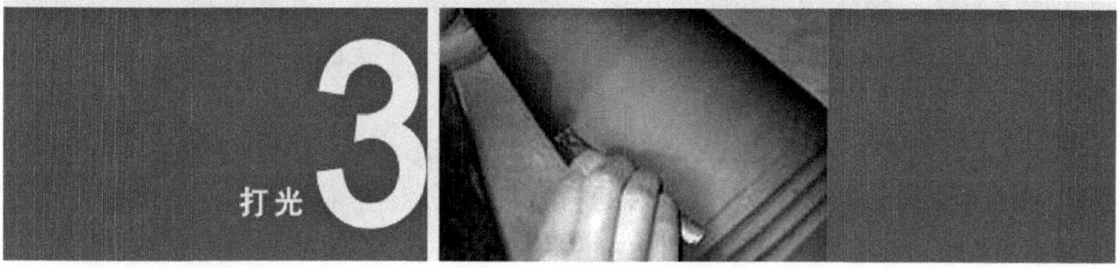

图 4-2-6　打光

1. 全开光

全开光就像太阳的光芒一样，用直线确定一个中心点（消失点），向四周做开放状，并逐渐加宽，它可作为两个独立纹饰中间的装饰纹样，一个全开光，可做一个独立元素，根据画面构成的需要，上下几个或独立或交叉重叠使用。

2. 半开光

像在地平线上的太阳，呈 180°状，可独立上下、正反使用，也可独立使用，更多是作为两组独立纹饰图案之间做分割装饰，在一侧中心确定它的消失点，向 180°方向扩张，并逐渐加宽。

3. 半开光与亚光处理

半开光与亚光处理，是为整体设计效果打底，形成纹样所需要的肌理效果。

（四）画线

抛光后进入绘画程序，把事先设计好的吉祥图案画到坯体上，这是形成文饰的前提。要精心用圆规将绘画图案精确定位，然后进行绘画，使用的工具有自制的画针、笔杆，绘制出来的线条要流畅，有光泽（图 4-2-7）。

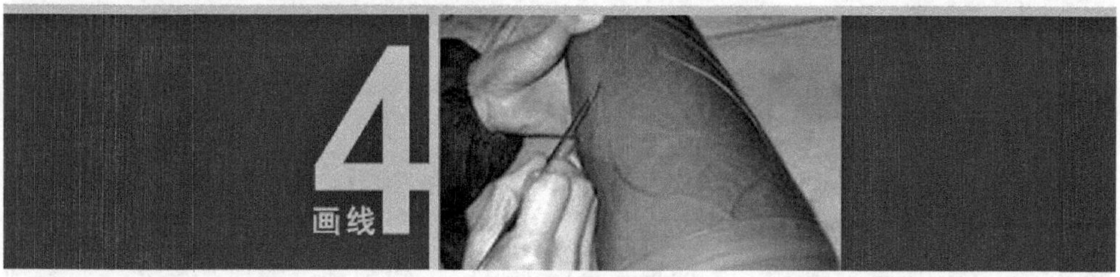

图 4-2-7　画线

由于绥棱陶器的绘画是在泥坯上进行，工具与图釉料绘画所使用的不同，常见的有女子织毛衣的织针，这种织针在百货店里随处可见，还有蘸水笔杆或一些油笔杆。用竹、骨或铁制的刀具在已干的坯体上刻画出花纹。

1）创作草图。根据我们的理念和意图，画出平面纹样或有明暗关系的三维立体雕塑草图，根据陶器外形展开来，按一比一的比例，力求准确。

2）绘制陶型。用软彩笔或毛笔把草图绘画到陶型上，并注意到细节和工具的局限性以及最后所要达到的艺术效果。

3）绘制纹样图案。笔要流畅，笔画衔接不过不断，注意深浅均匀，舒缓，要有活力，纹样绘制要一气呵成，图案轮廓线和枝叶主干要突出、要深宽，使图案主次分明，深浅富于变化。绘画误笔要及时补打，不留误笔笔痕，双钩间距要相等，左右对称。

（五）雕刻

1. 透雕

透雕也称镂空（图 4-2-8），进行此操作前要仔细检查纹饰图案布局是否合适，左右是否对称，镂空部位不能过大或过小，减少直线的出现，发现不合理因素要及时调整，重新进行绘画布局。透雕技艺是根据绘画的纹饰进行再创作的过程。根据绘画纹饰的疏密关系和平面构成的原理，把陶器壁刻透，形成了立体的三维孔隙组合。依据纹饰的边缘结构，造成了千变万化的错落有致的图形，纹饰的孔洞明暗相间，对比强烈，给人以玲珑剔透的视觉效果。图形力求宁圆勿方，避免开裂。

图 4-2-8　雕刻

刀口向内要有一定倾斜角，便于提泥，陶壁的增加切面要与头刀一致，切口要与画线平等，运刀距离相等。用刀提切夹角要干净，不留泥，不留渣，不过刀，不偏刀，过刀会造成陶壁纹饰断裂，透刻在夹角处用力过度时会出现过刀及交叉线，要用画针或抛光工具抿平，不留刀痕，干净利索，刀口平整光亮。透刻走刀时斜度要垂直，否则表面刀走到位而实际上靠内切刀不到位，余泥提不出来需再补刀，刀口易出现不平整的现象，影响视觉效果。过刀造成断掉的纹饰要及时用泥浆粘补，并与陶壁保持一个平面，不凸起或塌陷。

透雕的工具很简单。陶艺师经过几十年的实践摸索，打制出独特的透雕刀具。这种工具在专营店内是见不到的，它就是有着百年历史的钟的发条。钟的发条宽约2厘米左右，刚性好，很有弹性。陶艺师们把废掉不用的钟的发条拆卸下来，切割成15厘米左右的长度，在一头打磨成6厘米长度的刀尖，中间略有弧度，刀尖要薄，这样雕刻起来刀口流畅，不滞刀，不留渣，刀口光滑。

2. 浮雕装饰（浅、高浮雕、捏雕）

喷砂装饰：这种技法就是对陶器的纹饰图案在制后再进行装饰。它是先把纹饰图案在背胶纸上用刻字机或手工刻好，类似剪纸工艺，把纹饰图案刻掉后，再把陶器装入封闭的箱中，把喷砂装入喷壶中，利用气泵的气体压力，将装入喷壶里的金刚砂喷出，把已经浸在陶器上的图案打掉，砂可薄可厚，如果是黑陶，会让纹饰图案部分露出浅底，与胴体的黑色形成色彩对比，造成一种自然质朴的肌理效果。

（1）阴刻

阴刻虽然只是浮雕的一种表现手法，但由于它是绥棱陶艺的独特艺术表现形式，在这里将对其进行单独讲解。

阴刻的工具与透雕工具相同。阴刻多在陶器的边纹雕刻中来使用。它是陶器装饰的重要组成部分，就像绿叶一样衬托着红花，使红花更加绚丽夺目。

阴刻是用斜刀把绘画的线条刻掉，多在几何纹样中使用，刀行的深度是陶器壁厚的一半左右，形成了三维的立体效果。

这几种纹饰多在陶器的上下带上使用，作为连续纹饰，它要求大小一致，刀口要垂直，可根据云纹、回纹、万字纹装饰需要留线或刻线。阴刻在每条线的两侧要深浅一致，左右对称要直，并把线条刻掉，阴刻起刀和收刀处过刀或交叉刀口要用抛光工具抿平，否则在干燥的过程中或焙烧后可能会出现断裂。阴刻在主要纹样和图案中使用，多作为圆雕的补充，和浮雕进行对比，形成了凹凸的艺术效果。

（2）压印

压印就是在未干较软的器形坯体上，用金属铸造出的一种独立纹饰作模具，印出纹饰的一种装饰方法。

它可以是几何图形或纹饰图案，也可以是文字。

绥棱陶艺常用的压印模具是三角图形，俗称“狗牙”。通常用作独立图案外围圆周压印，也作器形带状压印，使器形装饰分出层次关系，主次更加明晰。它要求间距相等，深浅一致，角度统一。这种压印方法已成为绥棱陶艺纹饰的一种特征经常被使用。

（3）刮划

刮划这种艺术手法是中国陶器史上最古老的装饰方法。早在新石器时代就被我们的祖先们使用了，工人们用树枝或硬物在陶器的表面刮划出简单的线条，增加陶器的美感，在出土的彩陶中我们经常看到的篦纹，就是较为常用的一种刮划手法。现在，陶艺师们为制作出另一种肌理效果，会用刀片把光滑的陶器表面薄薄地刮划掉，使其与陶器的其他部位表面形成强烈的视觉反差对比。

挑泥是用薄而带尖的工具，在纹饰图案或浮雕以外的限定范围，把泥挑成陨石坑状或鸡啄状的一种肌理改变，它能使主题更加突出，同时也呈现出不一样的视觉效果。挑泥的方法和工具都很简单，易于操作，尖形工具会挑成鸡啄状肌理。民间有一种约定俗成的审美评判："远看气势，近看细致。"

（六）轧光

对已雕刻完成的陶体需要进行第二次抛光，以整理在雕刻过程中对陶表面造成的划痕、不规则等，使表面更光洁整齐，修补技术过激之处（图 4-2-9）。

图 4-2-9　轧光

1）重视对本地传统陶器造型的继承发扬，借鉴姐妹艺术瓷器的造型语言。可谓古今中外，博采众长。

2）外轮廓线条简洁、饱满、流畅，注重高低起伏的韵律和节奏，追求刚柔曲直的变化，一气呵成。

3）器物的盖、口、颈、肩、腹、足之间的尺度均衡，比例得当，主次明确，强调器足、器口（盖）的起势和收势。

4）黑陶附件的添置与否因器物整体呈现而异。提倡"画龙点睛"，忌讳"画蛇添足"。附件与整体之间衔接自然，浑然一体。

（七）干燥工艺

由于绥棱陶料的特殊性，在干燥的整个过程中都离不开塑料纸（袋）的配合使用。它就像干燥调节器，根据坯体的各种不同情况，适时用塑料纸（袋）调节温度、湿度，控制干燥进度。这种工具简单易行，使用起来非常奏效。

干燥技术贯穿着成坯后直到烧成前的整个过程。成型后的坯体是含有水分的，进入至每道工艺程序对含水的要求又不尽相同，坯体干燥是与整个装饰过程交错进行的。所以，对坯体干燥的控制，应根据各工序操作工艺的需要来确定排除水分的多少。

坯体中的水分为吸附水和自由水。①吸附水：黏土颗粒对水是有吸附力的，因此吸附水与黏土颗粒结合较牢固，而且愈近黏土颗粒表面的水，与黏土颗粒结合愈牢固，但一般吸附水的量不大。②自由水：自由水是不受黏土颗粒吸附水作用的，因而与黏土颗粒结合得很差。自由水处于坯料中各颗粒之间，它使颗粒彼此分离而互不相连。因此，吸附力要弱，容易被排除。

陶器坯体在干燥过程中会发生收缩。若对于收缩进程控制不当，就会出现变形、开裂和发粉，这种现象是普遍存在的。如何掌握好干燥与收缩、干燥与含水率的关系，是对陶艺家们的一个重要考验。干燥坯体周围的空气或其他气体称为干燥介质，湿坯旋转在未饱和的干燥介质中。坯体的水分会蒸发到干燥介质中去，只要干燥介质一直维持不饱和状态，坯体中的水就会不断地蒸发，坯体会产生收缩，干燥介质的温度越高，湿度越低，蒸发越迅速。在坯体表面的水蒸发的同时，坯体内部的水就会扩散到表面上达到平衡状态，这种表面蒸发水分与内部扩散水分重复作用的过程，就是不断使坯体得到干燥的过程。

我们知道，陶土和水结合后，在外力的作用下，才能形成它的可塑性，并经过各类水分的蒸发，黏土坯料空隙减少，颗粒间密度加大，从而导致体积缩小的现象，这就是它的收缩性，这个过程我们称之为干燥工艺。

第三节　绥棱黑陶的成型技法

一、泥条盘筑成型

泥条盘筑法就是将泥料搓成均匀圆条，再根据造型而要一层层环线叠加或用一根长泥条作螺旋形向上盘旋筑造成型。这种方法能塑造出比较复杂的扭动弯曲的异形，见图 4-3-1。

方法步骤如下。

1）用手掌先把陶泥搓成均匀的泥条，有泥条机也可用泥条机压，但是泥条机压制的泥条紧密性差。

2）将泥条盘卷成圆饼状，制作一个陶泥底，并放在转台上，将一根泥条压入底座内侧。

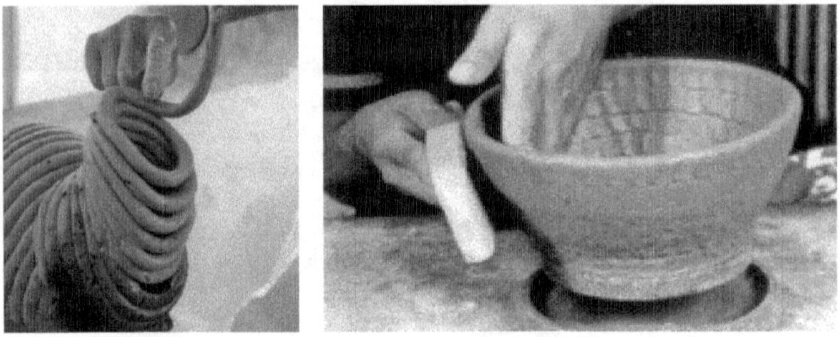

（a）　（b）

图 4-3-1　泥条盘筑

3）将另一根泥条压在第一根上面，在层层向上盘制时，要层层保持紧密，内外要抹平，平滑很重要，一层层向下按捺，直到泥条已经绕至所需高度。泥条之间既要结合紧密，又要适当保留一些手工的肌理痕迹。

4）在盘筑塑造各种造型时，接口可能干燥，对此可将接口用塑料纸包扎住，保持接口湿度，就可以继续盘筑变化多样的造型。让底干燥些，旋转一些时间，增加它的挺拔度。

二、泥 板 成 型

泥板成型制作便利，适合表面有棱角和同心圆的造型，也可卷筒成型，是陶艺中较为常用的成型方法（图 4-3-2）。

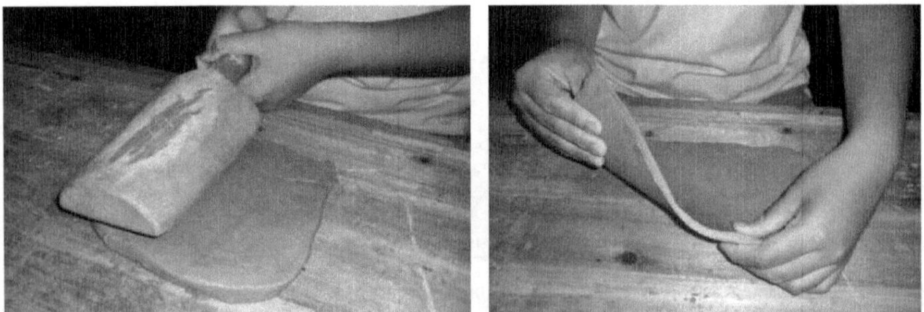

（a）　（b）

图 4-3-2　泥板成型

1. 板块的制作

陶泥板块制作方法不同，板块的表面的效果也不同，会产生不同的质感和肌理效果。常用的泥板制作有木棒木板拍打、杆压、切片等。首先将泥打成长的矩形泥块，然后利用木条板和切割线把泥块切成片，因切割线拉直和坚固性有限，不宜拉成太大的泥块，也可以把切割线做成弓状，利于操作，见图 4-3-3。

图 4-3-3　黑陶泥板成型法作品

2. 泥板成型

板块拍打成型：把做好的泥板卷成筒形，弧面的过渡除用泥条盘筑外，可用拍打成型的方法，达到由直向弧的过渡，在拍打的过程中泥板要变形，在泥板内侧用手或其他辅助工具支撑，接口粘些泥浆粘接，在周围轻轻拍打，直型很快就会变成弧线造型。

3. 板块镶接成型

将做好的泥块，切割成所需要的形状，让水分蒸发干燥挺拔些，泥板薄厚根据造型的大小确定，镶接的泥块接口要湿度相同，否则会因为收缩度不同而开裂，这个问题特别重要。切好的泥块用塑料纸（在上面均匀地打孔）包好，干燥，边缘发硬可切除，根据造型需要，泥板切割可适当大些，并备用些小泥板。在镶接前把接口用篦刀或锯条刮毛，将刮毛的接口涂上泥浆，接口一定要用斜口相接以增加接口强度和韧性。器形内的接口，应用泥搓成长条，在直角上一点点挤压，压实压平，四周镶接后也应用泥条压实压平，否则干燥后会出现塌陷及开裂的情况。有些六面密封的造型，最后一块泥板无法用手或工具从里面压实，这时就要把接口切成内高外低状，这样粘接后可用工具在外面挤压，之后随着造型的不断干燥，要用刮刀不断地调整修补，用工具压磨打光或做肌理。

泥板成型的方法不是一成不变的，随着经验的积累，可以与多种方法结合，如泥板镶接与拉坯结合成型，和泥条盘筑法结合成型，等等。

三、注 浆 成 型

注浆成型法是目前流行的陶瓷工艺技术，主要用于异型的创作和批量制造，泥浆是在一个搅拌容器里面搅拌而形成。所谓注浆成型就是用液态的泥浆，注入捆扎好的石膏模具内，待泥浆在模具内壁吸附到一定厚度时，把模具内多余的泥浆倾倒出。石膏模具的优点是吸水性很强，它能够很快地就将泥浆中的水分干燥，使其硬化成型，因此在陶艺创作中被经常使用。

吸附的泥浆的坯体薄厚可根据器形的大小而确定，待模具内的坯体干燥到可以站立的强度时（模具内的泥浆干了以后会有所收缩）把模具打开，取出坯体；待成型的作品干燥几个小时后，用手触碰不会留下手印时，再进行修补，用刀片沿着接缝将多余的黏土刮去，在修补过程中动作要缓慢，要细心，因为刚脱模成型的黏土非常脆弱易碎，对坯体表面因气泡而留下的凹坑要补平。

印坯流程具体步骤如下（图 4-3-4）。

1）根据造型尺度，制作泥片。

2）把泥片分别放入两块石膏模具中。

3）用手指把泥巴按实，让泥片与石膏模具紧密接触，无缝隙，把坯体需要粘接的接口突出一些，打毛涂上泥浆。

4）把两片模具合上压平压实。

5）待模具里的坯体收缩同模具脱离略有缝隙时，打开模具，接好底板，将坯体接口压实。

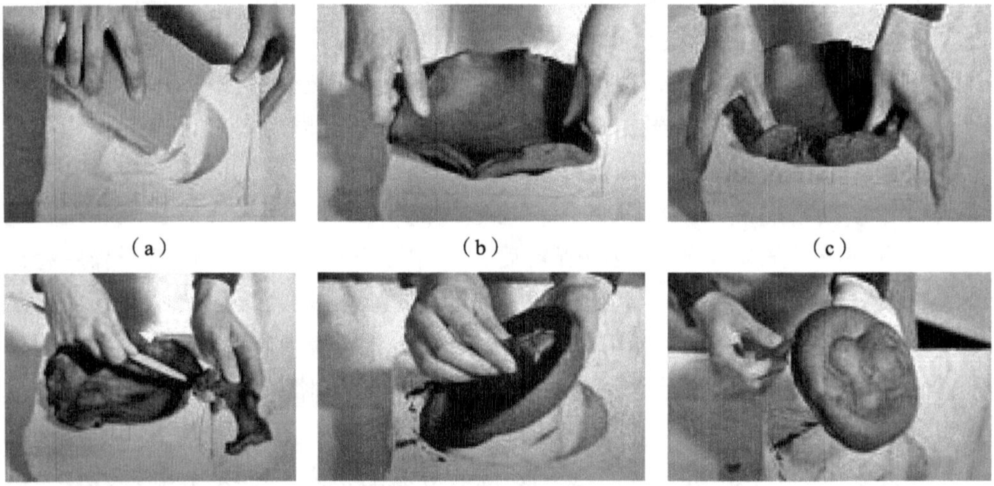

（a）　（b）　（c）

（d）　（e）　（f）

图 4-3-4　印坯流程

四、泥 塑 成 型

泥巴的泥质要细腻，韧性要好，不能存有大的砂粒。为达到这个要求，所用的泥巴须经捣捻加工，以增强其韧性。有的地方还要加入棉絮或棉纸，与泥巴打透布匀，不可使棉絮或棉纸在泥内成团聚集。

泥塑的材料只需要找一块和好的泥，运用雕、塑、捏等手法，通过翻模把泥土印成模子，泥塑只需简单晾干，泥塑最后工序是着色，着色之前先上一层底色，颜料调以水胶，进行着色（图 4-3-5 和图 4-3-6）。

图 4-3-5　泥塑龙瓶

图 4-3-6　泥塑“二龙戏珠”龙球

泥塑成型有以下三种方法。

1）手捏成型。目前使用最多的是模印成型。不管用何种方法，所谓“手捏成型”，是运用双手给泥巴造型，先按照作品的规格大小，将泥巴搓成坯，再捏塑成形象。手捏时需要部分辅助工具，供刻画细部时使用，如小刀、小竹签等，但要少使用工具，尽量体现出生动活泼的手捏特色。

2）模印成型。“模印成型”是用泥巴在模具上压印出来的泥塑，又称“压模泥塑”，常用于批量生产，目前市场上销售的彩塑一般都是压模泥塑，压模泥塑的主要产品是泥人。

3）半捏半印成型。

五、多层拉坯成型

多层拉坯成型是绥棱陶艺独特的工艺，是拉坯成型的一种成型方法。因为它的特殊性和复杂的工艺，所以单独来讲，“多层拉坯透雕”的技术和黑陶的“熏烟渗碳”技术一样是中国现代黑陶——绥棱发祥地的“核心技术”（图 4-3-7）。目前也就只有绥棱老艺人们中的几个能够完成。掌握这项技术的绥棱黑陶“寇氏”传人寇维军已经于 2015 年去世，这对于中国现代黑陶来说也是一个重大损失 。

多层拉坯成型首先要确定高度。高度可根据层数确定。一般每层之间间距在 1.5 厘米左右，这里举例说明三层成型法。

图 4-3-7　多层透雕黑陶

1）把最里层拉好。一般用垂直形，上口沿要向外扩张 3 厘米左右，坯壁尽量要薄，这是考虑到里层干燥较慢，拉好放置潮湿不易干燥的地方。

2）再拉中间层。这层除壁厚外要比里层高出 1.5 厘米以上，肚身也要比里层粗 3 厘米，拉好后把上口沿用塑料纸包扎好，包扎 3 厘米左右的宽度，可根据器形大小而定。

3）陶器外型。操作方法同拉坯成型工序一样。不同之处也是把上口沿用塑料纸包扎好，避免水分蒸发。

4）在陶器外层、中间层内底放置一些滑石粉，层层之间粘连，把里层和第二层上口沿包扎的塑料纸拿掉，把第二层放置在轳车盘上，再把里层放置在第二层里，底部要悬空，底部不能与第二层内部粘靠，间距 1.5 厘米左右，驱动转盘，把里层和第二层上口沿合二为一，口沿要薄。

5）经过适当干燥后，进行打光、绘画、透雕等工序，一定要有透雕工艺，能充分体现出多层的技艺之美。

6）这时把最外层器形放置在轳盘上，重复动作。

7）多层成型完成。

第四节　陶窑及黑陶烧成工艺

一、陶 窑 类 型

从考古挖掘的窑炉资料来看，中国古代原始陶器的烧成分两大阶段：一是无窑烧成阶段，也就是所谓平地堆烧；二是穴窑烧成阶段。所谓“窑系”，是对陶窑体系的简称，是指在民间众多的窑口中以一个窑口为代表，产品在物质成分、工艺、造型、装饰、镂空等方面相同或相近的一批窑口。这些相同或相近的窑口自然地被划分为一个窑系。

从窑的建造上，分为地坡窑和地上窑两种。地坡窑也分为两种：一种是地下坡窑，即在地下挖出一个窑洞；另一种是地上坡窑，即依山坡挖制窑洞。地上窑则是在地表上垒建陶窑。地坡窑多为个人窑，造价较低，成本低廉。地上窑多为村窑或者官窑，造窑的砖瓦在古代为非寻常百姓家用品，故造价较高。从窑门口的多少上，分为单口窑和多口窑。单口窑多为个人窑，多口窑多为村窑。从进出窑的方式分为下口窑、上口窑、双口窑。平地堆烧非常简单，就是将晾干的陶坯堆在一块平地上，周围架置柴草，点火燃烧，待柴草燃尽熄灭即可。无窑烧成应当是最原始、最古老也是延续时间最长的烧成工艺，在当今云南西双版纳傣族和佤族的堆烧制陶过程中，仍然使用这一烧成方法。

（一）原始堆烧和黑陶的偶然烧成

约7000年以前，黑龙江流域、嫩江流域和中原地区同步，迈入了新石器时代。先民使用打磨精巧的石器作为生产生活的工具，迎来了文明的曙光。人们懂得了钻木取火，驱走虫蛇猛兽，抵御黑暗和严冬。同时也掌握了烧制黑色陶器和其他土陶的方法。

在荒蛮的土地上燃起的篝火，一边在烤制食物，一边在堆烧陶器。这便是人类最早的烧陶设施。堆烧陶器方式简单易行并且流传久远。直到现在，在滇西一些地区，以及台湾的离岛原住民还一直沿用此法烧陶。火堆环境是开放的，温度容易散失。长时间堆烧的温度也只能在600～800℃。

人们为防止火堆被雨水浇熄，遮盖了很厚的茅草叶。火苗在缺氧的状态下燃烧，浓烟从湿草的缝隙中涌出，一部分闷在火堆的里面，渗入到陶的坯体里。经过一段时间的燃烧后，火堆最终熄灭。这时人们有了新的发现：在这次堆烧中，第一次收获了灰陶、黑灰陶、红黑灰相间的多色陶，还有黑陶。

2002年夏，哈尔滨师范大学的一个陶艺小组，在宾州镇城郊，做了古代堆烧场景还原实践（图4-4-1和图4-4-2）。结果证明了黑陶在堆烧中产生的可能性。

图4-4-1　堆烧黑陶（一）

图4-4-2　堆烧黑陶（二）

介于无窑烧成和穴窑烧成之间，还有一种过渡形式叫泥皮薄壳窑烧制法。虽然称其为“窑”，但其实它并非真正意义上的陶窑。所谓窑是可以反复多次使用的，但这种泥皮薄壳窑是一次性的，为了能更好地燃烧和保持温度，只是在平地堆烧的基础上用泥土将堆好的柴草封起。

（二）横穴窑和竖穴窑

横穴窑和竖穴窑的使用比堆烧制陶的时代要晚近千年，是最为原始的两种土质窑炉，相当于大型的土灶，可达到的温度为 1000℃。如今，由于年代久远，数千年反复的冰侵雨蚀，使得这两种较堆烧进步的早期窑炉遗存在黑龙江或已湮灭。在我国干燥的西北地区，还保留了较为完整的横穴窑和竖穴窑的窑址（图 4-4-3 和图 4-4-4）。

图 4-4-3　历史遗留横穴窑

图 4-4-4　历史遗留竖穴窑

横穴窑以一侧的矩形深坑作火膛，斜上方一侧为圆形窑室。两者之间有火道相连。火道从火膛至窑室的走向呈向上的斜角，有的像树枝一样分散通往窑室，这有助于火焰的畅通无阻，也有助于窑室受热的均匀。

竖穴窑窑室位于火膛的正上方，有效避免了散失过多的热量，技术上比横穴窑更为先进。

这两个类型的窑炉都可以在氧化还原的气氛下烧制黑陶或灰陶，也可以在氧化的气氛下烧成红陶或褐陶。我们的祖先在长期实践下，已经熟练地掌握了烧制各类土陶的技术和方法。

（三）砖质窑炉

陶瓷窑炉技术的革新紧随着历史的脚步而不断发展，原有的土质陶窑不仅仅炉温有限，而且，窑体热量的散失过大也使燃料的消耗过多。三千多年前的青铜时代，青铜的冶炼制作大大促进了与它相关的产业——制陶技术的发展（陶范是铸造青铜器必备的材料之一）。

从高温白陶和原始瓷的发掘可以推断，我国的中原，远在青铜时代，窑温能够达到 1000℃以上的砖质窑炉已经出现。由于发展的不平衡，隋唐、辽金以前的泛东北地区（包括黑、吉、辽三省全境，蒙古东部，朝鲜半岛大部，俄罗斯远东地区）还在以原始人的步伐前行。

以建筑陶瓷材料为代表的黑灰陶，在黑龙江的渤海国时期（距今1000多年前）、辽金时期都有发现。根据吸水率小的特征可以判断，此类黑灰陶建筑构件烧结程度较高，也证明了通过文明的相互渗透，可烧高温陶瓷制品的砖质窑炉技术于1000年前，已经从中原传入黑龙江地区。

砖质窑炉的技术特点在于它保温性能好，能在节省燃料的基础上烧出较高窑温；弧形的穹顶的结构，可以提高火焰的燃烧值，缩小了窑内的温差，使陶器坯体在烧成过程中受热均匀。

砖质陶瓷窑炉历经了数千年，发展出多种类别。从形制上分，有龙窑、馒头窑、马蹄窑、葫芦窑和设计先进的鸭蛋窑等。从窑炉结构上分，有直焰窑、平焰窑和倒焰窑等。

（四）电窑

电窑是现代制陶设备之一，主要以岩棉及高铝耐火砖为隔热材料，以硅碳棒或合金炉丝为发热材料，以热电偶及电子测温表为控制系统的现代化、高效率窑炉设备。它具有窑温测量准确、烧陶时间短、窑炉内部清洁、温差极小、可操控性强等特点。缺点是体积较小，绝大部分国产电窑不能烧还原气氛，它在现代黑陶的生产中，主要用于提高黑陶坯体强度的第一次烧成。

二、黑陶的烧成工艺

（一）陶熏烧窑的结构

无论是黑龙江地区的古代黑陶，还是著名的龙山黑陶、良渚黑陶的烧制都是在新石器时代中晚期。此期窑炉技术才刚刚起步，我国先民才刚刚摆脱蒙昧和野蛮。穴窑的结构和材质都相对粗糙和简陋。其炉内温度必定会受到窑炉结构的限制。区别于古代的黑陶烧制设备，现在专门的黑陶熏烧窑炉虽然原理相同，但结构和构成材料却已经是今非昔比。

熏烧窑窑室空间不宜过大，需要尽可能紧缩烟碳的扩散范围，所以窑室容积通常在2立方米以内。火膛距窑室要接近，或与窑室不分置。火焰的走向分布均匀。进火口、出火口和烟道需要控制闸门。

（二）黑陶渗碳原理

黑陶的黑色与黑釉陶不同，也和红陶涂抹黑色颜料有本质的区别。黑陶所呈现的色彩，是通过陶瓷坯体渗碳的原理产生的。通俗地讲，是熏烧窑在600～900℃的窑温下于多烟（碳）的环境内焖烧。细微的小于陶坯间隙的碳素，在还未达到燃点的高温中十分活跃，充分而均匀地渗入陶坯的间隙，最终形成了表里一致的黑色陶器。

在二次熏烧中，烧结度较高的含高岭土的陶坯，因为碳素的渗入有限而呈现出柔和的紫灰色。而在烧成过程当中，如果红陶坯体对碳元素的吸附不匀，可能形成火焰状的黑红相间的纹理。

1. 愠火阶段

引火，柴草均可。首先进行排潮，这一阶段要控制火势，温度在30～50℃，时间可根据窑炉空间的大小及陶器大小、数量等因素保持在3～5小时。这时的坯体虽然已经过高温干燥或室外排潮，坯体组织内的结构水分已排出，但还有3%左右的残留水分没有排出，这是因为和空气中含水分的道理是一样的，坯体的部分水分靠干燥是不能完全排除坯体外的，如果坯体离开干燥的环境，会很快二次吸收空气中的水分，此时窑内柴草煤炭等燃料在初期点火燃烧时也会有水气的释放，被干燥的坯体吸收，如果升温过快，极易造成坯体开裂或崩碎。所以这一过程要控制好通风道，窑温要逐渐升温，给下一阶段的中火过渡打好基础。

2. 中火阶段

中火烧结需要3～4小时，此时窑内的温度、压力上升较快，窑内的气氛正在发生化学、物理性的系列变化，需要一缓、二看、三起火。一缓就是由愠火刚过渡来要逐渐地升温，主要注意打好底火的基础；二看是看坯体被烧的颜色是否一致，窑炉内上下、左右、前后温度是否均衡；三要逐渐起火升温，该阶段要保持火势在300～500℃。

3. 大火阶段

随着窑温的逐渐升高，进入大火阶段，窑门也要逐渐缩小，防止热量流失，掌握好大火，要控制好燃烧体（室），处置好“三层”关系，一是灰渣层要及时清除灰渣，避免堵塞通风的炉条（炉篦），保证有足够空气供给燃烧室；二是保温层即炭火状层，要想稳定升温，必须有足够的保温层；三是燃烧层，保持好燃烧层，每次填充可燃物都要投放快捷、准确，要观察窑室内随时发生的各种变化。现在有了窑炉电子测温显示表，但老师傅们还是相信自己的火眼金睛，根据窑室坯体发出的颜色、火焰的颜色变化，做出判断，师傅们还会根据像红色的玻璃体一样的坯体，根据颜色的深浅判断出窑室的温度，坯体熟到几分。这一阶段需要2～3个小时。此时窑内温度须达到900℃左右（上下50℃差），并着手封窑。

在上述的第三步期间，黑陶的烧制工序稍显复杂。将足量的燃料与烟熏材料添入，然后封闭窑门；将水从窑炉顶部注入，使燃料和烟熏料不完全燃烧，产生大量烟碳；封闭窑炉顶部的烟道口。窑炉内部的气氛保持缺氧状态，燃料会夺取坯体中的氧分子继续燃烧，从而使坯体中的氧化物还原。含一定量氧化铁的陶坯，在还原气氛下呈现青灰色，与此同时，窑内产生的烟碳渗进坯体间隙，坯体的颜色由青灰逐渐变成黑色。

应注意的是，熏烧黑陶时的窑炉一定要封闭，因为碳在相对真空的环境下不容易达到燃点，所以在有氧的环境下（碳的燃点在 300～500℃）无法烧成完整的陶器。

第五节　绥棱黑陶的艺术成就与价值

一、绥棱现代黑陶卓越的发展成就

（一）烧制的核心技术——“熏烟渗碳”技术

德州市委党校刘恒教授曾经写过这样一篇文章——《德州黑陶的形成与发展》，文章开篇明义：“被誉为‘德州三宝’之一的德州黑陶，在德州可谓家喻户晓，甚至在山东省乃至全国都有较高的知名度。德州黑陶来源于黑龙江省绥棱黑陶，它是由绥棱黑陶第二代传承人寇维军于 1979 年亲手创立的。”

那么绥棱黑陶的创始人是谁呢？刘教授在这篇文章中是有说明的，那就是寇化林。原文有这样一段文字，“经过多次试验、反复研究，终于成功破译出黑陶生产制作过程中最复杂、最关键的‘熏烟渗碳’技法。这一研究成果，当时没有被重视，因为当时人民生活水平低，没有人在意土陶是黑色还是灰色。但寇化林认为黑色比灰色更好看，一直没放弃这种烧制方法，并逐渐把这套技术发展到成熟阶段。‘熏烟渗碳’技术的运用，使寇化林成功烧制出中国近代第一批黑陶工艺品，产品黑中透蓝，有种金属感”。他忠实于历史，尊重寇化林千辛万苦“终于成功破译出黑陶生产制作过程中最复杂、最关键的‘熏烟渗碳’技法”这个事实，得出“是寇化林成功烧制出中国近代第一批黑陶工艺品”这个结论，这是刘恒教授在查阅了大量材料，采访了很多专家学者后得出的结论。

绥棱黑陶的制作技艺于 2007 年被评定为国家非物质文化遗产项目，该年入选省非物质文化遗产的项目共 55 项，入选项目的标准之一就是这个项目传承至少在 100 年以上。综上所述，绥棱“正式拉开了中国现代黑陶生产的序幕”，这个结论，名副其实。

（二）纹饰纹样

绥棱现代黑陶运用了多种工艺手法完成了装饰过程，并且第一个把民间吉祥图案植入黑陶表面纹饰中，增加了陶器的文化元素和审美属性，实现了黑陶纹饰设计工艺上的“革命”，标志着现代黑陶由实用性向实用兼具收藏功能的转变。

《中华文脉：中国陶瓷艺术 · 黑陶》中有这样一段文字：“早在 20 世纪 10 年代末，黑龙江绥棱的寇化林，将刻花技艺运用到黑陶的制作中，由此丰富了黑陶的装饰手法，为现代黑陶的发展做出了贡献。”

具体地说，绥棱现代黑陶把研光、刻花、戳花、压线、透雕等工艺手法综合在一起，遵循结构清楚和整体和谐原则进行艺术处理，艺术地利用了线、面、空间的组合关系。按照杨永善教授的说法，绥棱“陶器的造型样式，多是继承了传统和民间的样式而加以变化的，装饰纹样则是更多地接受民间剪纸的构图和纹样形象，注重纹样大关系，用概括的手法，省略去细部，整体效果明确，突出纹样的装饰性”。所以，绥棱现代黑陶汲取了雕刻、绘画、书法等多种民族民间文化的艺术形式。其图案不同，而意义和情趣也各异，梅、兰、竹、菊系列，体现坚毅高洁的民族品质和执着向上、顽强不屈的民族精神；百合、牡丹系列，表达了人们对美好生活的热爱、向往和祝愿；图案不同，纹样不同，内涵亦不同。绥棱黑陶对于表达人们审美理想，培养大众审美情趣，起到了重要的“载体”作用。

绥棱黑陶的纹饰图案具有强大的艺术生命力，正因为纹饰图案诸多的文化元素所表现出的人文价值，使绥棱黑陶具有了较为珍贵的收藏功能，完成了单纯的实用向实用兼具收藏的功能的华丽转身，有了更高的艺术品位，因此成为外交部礼宾司的指定礼品和黑龙江省政府的指定礼品，先后被宋庆龄纪念馆等几十家单位机构收藏。

（三）器物造型

绥棱现代黑陶丰富了以前从未有过的器形，首创的多层技艺增加了黑陶外观上的立体感和层次性，让黑陶更具视觉上的冲击力。

绥棱黑陶造型丰富，有坛、罐、缸、瓶、文化艺术品、十二生肖珍藏品、壁画、挂盘和雕塑等 200 余种，其数量之多是其他地方黑陶无法比拟的。它的纹样具有较强的民间风格，构造上有单层、双层、三层、四层等类型。

1979 年春天，绥棱黑陶在上海“第二届全国陶瓷艺术展览会”展出，这是又一次大规模的我国陶瓷艺术大展一亮相就吸引了众多的陶瓷艺术家的目光，这次展览包括景德镇、醴陵等地几乎所有的我国陶瓷产区都派出了最强大的阵容，纷纷使出了自己的“杀手锏”，但“最引人注目和使人感到有新意的是黑龙江省绥棱黑陶和贵州平塘的釉陶”，杨永善说。

“绥棱陶器这次展出的作品有黑、红两种颜色，都是无釉刻花的低温陶。虽然两套颜色不同，但造型和装饰是类同的。其中以黑陶的视觉效果最好，所以受到参观者的关注，绥棱黑陶从此被更多人了解。绥棱黑陶产品的造型多为形体变化单纯的花盆、花缸、笔筒、花瓶和花罐等，又以双层透雕的产品最为别具一格。”由此看来，双层技术在当时是由绥棱人第一个运用到黑陶制作上的，但其发明过程却很漫长。

关于绥棱现代黑陶的“双拉型”技术的发明过程，刘家弟先生发表在《装饰》杂志 1988 年第 6 期上的《绥棱黑陶回顾》一文中，是这样记载的：

“尤其值得一提的是艺人们对双拉型技术的改进。寇化林开始时一次拉一地双层合口，由于里外干燥度不同，有温差，所以收缩不能同步，使里外和底开裂，不是底裂就是口沿拉裂，损失率高。经过一年多的研究实验，他改进了拉型方法，改进的方法是：先拉外层，然后按规格要求再拉里层，里层装入一层之前在二层底部沾上滑石粉后坐入第一层里，而后合口，让里外两层坯各自收缩干燥，互不影响，保证了产品干燥后的质量，而且可以任意拉高、拉大，不受限制。这种技术在当时还是保密项目。”一种技术之所以要保密，就是因为不想让别人知道，这句话有力地证明了多层镂空技术是绥棱人的发明。

（四）雕刻技法

发明了镂空透雕技术，并将其艺术地与高浮雕、阴刻和泥塑等工艺技法融合，绥棱现代黑陶由此丰富了陶器的装饰技法。

由于地域不同，黑陶装饰的方法也各具特色。甘孜藏族自治州地区的黑陶纹饰是用贝壳或者卵石做工具，在半干的陶坯体表面进行研光的方法形成的；云南中甸的黑陶酥油壶是把破碎的瓷器按照纹饰样式打成形状规则的瓷片后，再把这些瓷片镶嵌到坯体上，通过瓷片的黑白对比，从而达到了装饰的效果；山东德州一些厂家生产的黑陶是采用硬刻的方法完成纹饰的表达的；有的还把景泰蓝的掐丝工艺运用到黑陶的表面，丰富了纹饰的表达；绥棱的现代黑陶的装饰则是采用刻花和镂雕来完成的，镂空透雕技术是寇化林发明的，见图 4-5-1。2009 年 8 月，杨永善教授为侯力平《绥棱陶艺》一书所写的序言中再次写道：“20 世纪 50

图 4-5-1　三层透雕镂空花盆（寇化林，1966）

年代末，绥棱寇化林创制了以装饰陈设为主的黑陶、红陶和土色陶器，其中以刻花镂雕的黑色陶器最为著名，并影响了国内许多地区。”

笔者曾先后到过中国很多生产黑陶的地区，发现其他虽然都有透雕工艺，但其透雕的水平，能超过绥棱的几乎寥寥无几。

（五）本色工具和工艺流程

在《绥棱黑陶回顾》一文中，刘家弟先生还写道：“用钟表发条磨制出雕刻用的刀；用毛笔管或钢笔管来压花瓣；用织毛衣的钢针来刻画树干、花草、画圆、划线；用三角瓦片来压上下对称的狗牙图案；就连二方连续花滚也是寇化林自制烧成的；海蚌壳用来研光，狗皮用来上滑石粉；鸡毛垫用来垫在半干雕刻品下面，以防正在阴干的陶坯和在放置时变形。这些土工具大部分是寇化林在工作中摸索出来的。”笔者除了走遍了绥棱域内的几家黑陶生产厂家外，还先后到大连、德州、章丘、济南、日照等地，发现各地的黑陶制作工具中，钢笔或毛笔管、织毛衣钢针、蚌壳等寇化林老人发明的“土制”工具，至今仍然在为人们所沿袭使用。

二、绥棱黑陶的艺术价值

（一）历史和学术价值

绥棱黑陶的幸存，证据确凿地否认了龙山文化已失传的谬论。尤其是“熏烟渗碳”技术，由于温度不好掌握，山东龙山文化研究所直到1989年才破解，而这一技术一百年来却一直在绥棱民间传承。保护绥棱黑陶这一古老的生产工艺，对于进一步研究和发掘闻名于世的龙山文化，考证我国黑陶发展历史，具有极为重要的“活化石”的作用。

（二）文化价值

绥棱黑陶所承载的文化价值一旦彻底失传便有不可再生的可能，因为绥棱黑陶汲取了雕刻、绘画、书法等多种古代民族民间文化的艺术形式。它记载了先民的尚黑情节，浓缩了人们的审美情趣。图案的不同意义和情趣也各异，它是人们内心情感的表达和审美的体现，反映了人们的主观意识，抒发了人类对自然的热爱以及人与自然和谐相处的渴求。

（三）实用与收藏价值

绥棱黑陶，形式多样，品种齐全，既有个性化鲜明的艺术性较强的收藏品，也有普通的花盆等实用品，产品畅销国内外。对于保留和传承祖国优秀民间文化起到很好的“媒介”作用。

绥棱现代黑陶生产工艺基本上奠定了中国现代黑陶工艺的基础，代表了中国现代黑陶制作工艺的“主流”，主宰了中国大部分地区的黑陶生产技艺。

杨永善教授在《说陶论艺》一书中写道：“在20世纪70年代，由于绥棱当地对这一具有特色的工艺不够重视，没有很好的保护和发展，培养起来的技术力量外流。寇化林去世后，他的儿子寇维军到河北、山东、北京等地传授黑陶制作技艺。因为当时黑陶的制作工艺技术难度不是很大，原材料各地都有，工艺设备条件也并不复杂，很快在山东、河北许多地方出现了黑陶工艺厂，其工艺技术基本上延续了绥棱黑陶工艺，没有什么更大的改进。造型和装饰纹样绝大多数也是传袭了寇化林老人制作黑陶的结构和形式，包括刻画方法都没有更多的改变，只是个别用模具注浆成型的黑陶还采用了浮雕的装饰手法，效果也不是很显著，很难形成符合黑陶材料特点的装饰风格。”尽管后来在渗碳过程中，有的地方用沥青、橡胶等代替了柴草，但运用的原理没变，不过是材料变化了而已，然而从环保角度来评价，这种材料的替换绝不科学。

关于绥棱现代黑陶对我国其他地方黑陶的影响，对绥棱现代黑陶做出卓越贡献的刘家弟先生也是承认不否的。他在《绥棱黑陶回顾》中回忆说，“绥棱的黑陶技艺影响了省内外其他地区，如河北、山东、吉林等地。由于种种原因，寇维军离开了绥棱，到了河北、山东德州，在那里建立了美陶厂”。

对于寇维军对德州黑陶的贡献，德州市委党校刘恒教授是这样评价的：“寇维军在德州传授技艺先后有五年的时间，这五年是寇维军在外传艺时间最长的时期，也是德州黑陶发展至关重要的五年，没有这五年基础性的工作，就没有后来的德州黑陶在20世纪80年代中后期直至90年代初期的辉煌。”

刘恒教授在《德州黑陶的形成与发展》里还写道：“德州黑陶的发展带动了全国黑陶产业的发展。德州黑陶在20世纪80年代初的崛起，使不少有识之士看到了黑陶的艺术价值和里面蕴藏的商机，不少人先后向寇维军拜师学艺或来德州市工艺美陶厂和工艺美陶研究所学艺。学成后在全国各地建窑兴办黑陶企业，现在山东的日照、章丘、聊城、临沂以及河北馆陶、江苏连云港、陕西秦源等地黑陶艺人大都直接或间接出自寇维军门下。”刘恒教授是站在第三方的立场上，较为客观地评价了绥棱现代黑陶制作技艺对中国现代黑陶的影响之大，是比较有说服力的。

所以，笔者认为，中国现代黑陶制作工艺主宰了中国大部分地区的黑陶生产技艺，极大地影响了这些地方的黑陶生产技艺，成了中国现代黑陶制作技艺的“奠基石”。

第五章　非物质文化遗产绥棱黑陶的文化生态位研究

生态位本是生物学中的一个名词，表示每种生物在一定的生态系统中生存时所必需的生境最小阈值。内容包含生物本身和区域范围在生态系统中的作用与功能。这个理论由格林内尔在1924年提出，明确了空间概念和区域上的意义。在自然界里，每一个特定位置都有不同种类的生物生存，它们的活动以及与其他生物的关系取决于它们的特殊结构、行为和生理，所以也都有自己的独特生态位。

文化生态位即某一文化在文化生态系统中对载体资源的利用，这里的某一文化可具体指某一文化形式，如蒙古族的服饰文化、鄂伦春族的狩猎文化。生态系统范围可以小也可以大，小可以是一个民族地区的文化生态系统如嫩江流域、一个村落如周庄的生态系统。大可以指国际文化生态系统，如印度的佛学文化生态系统。载体资源指承载文化的因子，如语言、艺术、文字等。

文化生态位理论的引进，对一个民族文化的地位的确立具有深刻的历史意义。其一，可以对某种文化的发展与变迁有更具宏观的、具体的认识。如油画艺术何年传入我国，传入我国后发生了哪些变化？在哪些方面受哪些因素的积极或消极的影响？其二，对某种文化生态位的确立可以帮助我们了解该传统文化在文化生态环境中的影响，例如中国道家思想影响了哪些人的哪些行为？它又具体存在于哪些文化形式之中？其三，对如何使该文化可持续发展有了具体的操作方法和途径。例如，对中国饮食文化的研究可以让人们对中国不同地域的饮食习惯、材料、烹制方法等有更多的了解，我们可以通过各种文化载体进行宣传，例如纪录片《舌尖上的中国》。再如对旗袍文化进行研究时，可以通过旗袍进行的时装表演有：广告人物穿着旗袍，各种画册旗袍，加上名人和公众人物穿旗袍引领等，都促进了旗袍生态位的提升，使旗袍占有了越来越多的生态环境中的各种资源。

第一节 绥棱黑陶文化生态位的现状

由于改革开放后我国巨大的经济转型，东北地区的经济与地理优势消失殆尽，发展水平逐渐被更具开放观念的南方沿海地区超过，绥棱黑陶也失去了计划经济体制内的保护，不得不面对激烈的市场竞争。长期计划经济体制下的生存惯性一直束缚着绥棱黑陶在当代的发展，目前绥棱黑陶的生存与发展现状非常堪忧。

一、绥棱黑陶产业总体规划不明确，尚未形成稳定有效的产业链模式

产业链是现代产业经济学中的一个很重要的概念，在第三产业占比越来越大的今天，一个完善的企业产业链模式能够最大限度地动员所有力量发展企业生产。绥棱黑陶的大本营是东北黑龙江地区，新中国成立后东北地区曾经造就了辉煌的历史，为共和国培养出了大量的优秀人才和国有企业。改革开放后，经济体制的巨大转型使得东北地区的观念更新缓慢，逐渐被沿海地区超越。新型的产业链发展模式在该地区贯彻得不尽如人意，许多文化企业依旧维持旧有思路。绥棱黑陶的产出模式还是传统的手工式作坊，生产规模小，效率不高，生产资源非常分散，并没有形成高度集中的集约化产业链。而集约化生产恰恰是现代企业最为重要的生产模式，它能够以最高的效率让企业获取最大的利润增长，绥棱黑陶企业的衰落从一个侧面说明绥棱黑陶并没有适应市场经济浪潮下的理念更新，在现代企业生产理念上也没有显著的创新机制。在现代企业发展理念中，一个完善、健全、具有发展潜质的文化产业必须有成熟的产业链作为支撑。一个拓展性强的产业链条能够最大限度地提供物质基础，从而维护文化企业的正常运转。绥棱黑陶自身的发展定位不够明确，产业结构调整不到位，这都严重制约了黑陶文化产业链的深入发展。

二、产业投入资本单薄，投资渠道不畅通，缺乏资金支持

随着绥棱黑陶被收录入国家非物质文化遗产，绥棱县当地政府在资金、技术人员、教育、文化宣传等方面都给予了一定程度的扶持。但绥棱县毕竟自身能力有限，在自身财力不足的情况下便难以从根本上扭转黑陶生存困境。这就需要大力加强对外的招商引资，将有实力的投资人或财团吸引到绥棱投资创业。与沿海的外向型城市不同，绥棱地处偏远的东北地区，地理位置上的先天不足本身就难

以吸引投资团体。外加经营理念的闭塞落后，绥棱当地也忽视对外的文化宣传和形象包装，由于对外宣传的不足，导致引资力度较弱，并没有像其他国家级非物质文化遗产那样打响自己的品牌。总的来说，绥棱黑陶依旧严重依赖国家政策的单一扶持，导致黑陶产业融资渠道狭窄，资金缺口明显，并且在运作的过程中存在着投入与产出不协调的状况，大大浪费了人力和资源成本，并没有形成能够产生可持续效益的文化产业体系。

三、创新驱动动力不足，缺乏现代品牌意识和信息共享平台

自从绥棱黑陶被纳入国家非物质文化遗产后，绥棱县政府加大了对黑陶的投资力度和扶持力度。近几年绥棱黑陶在国内外逐渐积累了一定的知名度。但由于相关从业者缺乏现代品牌意识，使得绥棱黑陶的发展停滞不前，无论是在产品的定位、包装还是在文化宣传、营销方面都缺乏系统的规划和战略定位。许多当地黑陶企业都将经营和管理混为一谈，也导致了整个营销系统的混乱。如果没有建立符合现代品牌意识的营销理念，那么谈论绥棱黑陶产业的现代转型就只能是一句空话。当今媒体和信息技术的大力介入也彻底革新了人们的营销理念。谁掌握了最新的商业信息，谁就能在竞争惨烈的市场中占据先机。而绥棱黑陶产业显然没有搭建起这种有效的信息沟通平台，信息的及时性、有效性不足，难以达到资源共享。

四、消费人群狭窄，缺乏合理的产品定位

绥棱黑陶的制作者大部分都是具有较高艺术品位和修养的手工艺术家，他们对绥棱黑陶有着一份浓厚的感情，并没有将它当作是普通的商品，而是一件件完美高端的艺术品。因此他们对每件产品的质量和品位都要求精益求精。他们将绥棱黑陶长期定位于展览、收藏等小众范围。我们无意否定这种对艺术虔诚的态度和对非遗文化的热情，但如果将绥棱黑陶标榜成“阳春白雪”，那么就会逐渐拉开与人民大众生活的距离，会对绥棱黑陶扩大营销市场产生不利影响。绥棱黑陶的主要产品如黑陶古盆、陶瓶、酒器、仿古礼器等艺术品较少有实用性价值，缺乏刚性需求。只有在经济相对宽裕的时候一部分普通群众才可能进行购买。而真正对黑陶产品有需求的是一部分收入较高的阶层，但这部分群体毕竟基数较小。这就使得购买黑陶产品的客户群数量始终无法提升，严重限制了市场的进一步扩展，难以让绥棱黑陶走进千家万户。

五、缺乏高水平的营销管理人员，后续梯队建设严重不足

绥棱黑陶作为一种文化产业，它对人才的需求要比一般企业更高，要想将文化资源转为具有实际效益的产品也必须依靠一大批具有良好文化素质的管理人才、具有高超艺术水平的手工艺人才和懂得现代企业经营理念的营销人才（侯力平，2013）。而从目前绥棱黑陶企业的人才结构上看，许多在一线的手工艺制作者往往同时兼顾管理和营销，这在现代企业营销理念看来是致命的弊端。它既不利于艺术品的设计创新，也不利于企业的营销和管理，更不利于整个文化产业的良性发展。同时，许多年轻人不愿意从事这种传统的手工艺活动，这就使得绥棱黑陶产生了较大的人才断档，未来随着一批批具有丰富经验和技能的老一代艺术家逐渐淡出历史舞台，这种人才梯队的断档问题会越来越制约黑陶产业的深入发展。

六、黑陶产业缺乏统一的行业规范和产品标准

绥棱黑陶产业的一个特点便是家庭式的手工作坊占据主流，传统的师傅带徒弟的传承模式一直没有改变。这就使得黑陶产业的经营往往各自为政，缺乏明确的行业规范和统一的产品认证标准。而如果没有国家统一的认证标准，没有可供量化的条文，那么就势必产生仿冒产品，给无良商家提供乘虚而入的机会，其所产生的后果绝不仅仅体现在营销利润的下降，更重要的是它会严重挫伤绥棱黑陶的外部形象和市场信誉度，打击黑陶企业及其生产产品的积极性，使得绥棱黑陶逐渐失去市场份额。

第二节　绥棱黑陶文化生态位的失衡原因

作为中国现代黑陶的发祥地之一的绥棱，其生产制造黑陶的历史至今已有百余年，产品远销 20 多个国家和地区，除被很多国家、地区和政要收藏外，还被新闻出版总署、中国人民银行总行、财政部、文化和旅游部等国家机关收藏。“绥棱黑陶制作技艺”以其高含量的学术价值和丰富的人文内涵入选黑龙江省首批非物质文化遗产名录。

但是，以文化生态位的角度审视绥棱的黑陶产业发展的历史、现状，不难发现，绥棱黑陶的发展现在存在着至关重要的瓶颈问题，这严重束缚和阻碍了黑陶的可持续发展。

一、黑陶产业化程度低下，文化生态位失衡

绥棱黑陶企业总体缺乏现代化的企业管理体系，在资本构成、人才储备、技术升级、信息获取、管理制度、营销模式等方面，大多停留在发展的初始水平状态。在生产性保护和合理性开发、运用上，处于“三小”（小企业、小产量、小销量）现状，产业化程度极低。

从调查结果看，绥棱目前有黑陶生产企业 5 家，企业规模小，最大的企业也只有三十几人，少的只有几个人，生产人数的逐步减少使得黑陶生产量缩小。绥棱黑陶的生产方式主要是手工制作，与机器标准化生产相比，手工制作单件产品生产周期长，需要耗费的个人劳动量更大，而绥棱黑陶的人力资源明显不足，生产总量难以迅速提升，即使满负荷生产，按以往的生产进度来看，5 家企业年总计生产总量也达不到 5 万件。为了提高劳动效率，大多数企业都采取了标准化的流水线作业，但由于每道流水线的技工只熟悉本流水线的制作技艺，不会本流水线之外的技能，所以，熟悉整套生产工艺的人才极度匮乏，难以形成足够流畅高效率的生产工序。绥棱黑陶的许多原厂已关停多年，当年上班的技工大都到了退休年龄，或已离世，每道工序都缺少大量的技工。由于黑陶制作对技工的素质要求较高，加之生产技术难度大，习艺周期长，特别关键的工序，如拉坯成型必须要有足够的时间和工作经验，一些经验不足的年轻技工难以掌握成熟的技术。另外，人们对黑陶目前的状况不满，对未来发展的不乐观等诸多原因导致了绥棱黑陶制作工艺没有几个人愿意学，行业内缺乏对这门传统工艺拥有热情的年轻人，因此对制作黑陶的技术培训一直没有有效地开展，致使工艺技术传授慢，后继无人。绥棱黑陶产业目前缺乏专业的销售人才，甚至一半以上企业都没有设置销售的岗位，完全依靠上门订单维持生产，而面对日益激烈的市场竞争，这种极为被动的发展方式使得绥棱黑陶无法及时掌握市场的供求信息和消费需求，市场份额占有率日益减小，严重制约了黑陶的发展空间。同时，绥棱黑陶还缺少一支合理的人才梯队队伍，人才金字塔缺少塔尖级人物，多元化的人才匮乏，限制了企业的发展壮大。这些企业突出强调产量，对于黑陶艺术品的演变史和理论研究则缺少兴趣，缺乏长远的市场战略眼光，忽略或者轻视艺术创新与研发，只在乎眼前的现实经济效益。管理手段落后，由于长期的计划经济体制束缚，黑陶企业的经营手段极为保守，往往依靠传统的家族式管理、经验式管理、制度式管理，但企业中缺乏懂得文化产业管理经验的人才，对于文化产业的特殊性没有清醒的认识，这就导致企业没有长远的战略眼光，发展理念不明确，企业精神保守，人文观念薄弱。产业链条的缺失，造成了黑陶产业化程度低下。

基于以上原因，有必要深入研究文化资源与文化产品之间的关系，要充分实现开发资源和生产产品的协调可持续发展，进一步完善和健全黑陶艺术产业的各项要素，不断强化绥棱黑陶的艺术产业链。

一条完整的产业链条应当包括市场调查、研制开发、生产制造、宣传、销售、售后服务几个基本环节。但绥棱黑陶的产业链条是仅仅拥有了开发、生产车间和原始的营销手段，营销手段单一，技术人才匮乏，利用现代信息平台宣传的力度不够，产业要素不完备决定了文化产业链的短板。在销售环节上，绥棱黑陶过于关注大城市的热点区域，却忽视了城镇以及农村大量的潜在消费市场。因此目前的绥棱黑陶亟须探索走出一条开发城市市场和农村市场并重、产品实用价值和收藏价值兼容的新路。做好培育文化市场尤其是农村文化市场和国外市场的工作，并应致力于寻求不同产业间横向联合，“嫁接”出新型产品的思路和做出实践上的突破。绥棱黑陶产业虽有车间，但生产规模小，生产能力低，根本不具有签订大订单的生产能力。在一年哈尔滨国际经济贸易洽淡会（简称哈洽会）上，一位美国客商要签订2000万元的订单，但由于企业实力有限，无力承担，只能眼看着机遇丧失。面对广阔的消费市场，由于覆盖面过于狭窄，使得绥棱黑陶难以实现进一步的发展。因此绥棱黑陶要想形成产业化的格局，首先必须要做的就是完善产业链条。

二、文化生态位规模效应和集约化失衡

在绥棱，几家黑陶生产企业各自经营、独立作战，没有形成“统一战线”，无法培育出产业的航母战斗群，无法实现规模化的示范效应和技术密集型产业升级。

在宏观经济学中的规模效应又称规模经济，即因规模增大而带来的经济效益的提升。产业的生产规模上了一个新的台阶之后，就会降低单位产品的生产成本，使企业能够有更多资金进行技术革新和制度改革，企业的销售利润率自然就会上升。“众人划桨开大船”，而个体的力量只能是“驾驶一叶扁舟”。绥棱的黑陶发展现状恰恰是：各生产企业之间运行的格局是“不相往来”各自经营，关紧门户“单兵作战”，横向上既没有技术的合作、管理上的交流，也没有信息的互通和共享。

集约化的“集”就是指集中。具体落实到绥棱黑陶生产而言，就是集合各企业所有的人力、物力、财力、管理等生产要素，进行统一配置，统一指挥。集约化的“约”是指在严格遵循节俭、聚集、高效的价值原则下，集中、统一配置各生产要素，从而达到降低成本、管理高效的目的，进而使企业获得可持续竞争的

优势（陈瑾，2012）。它的优势就是更集中合理地运用现代化的管理手段与先进的技术，充分发挥生产各环节中的所有物力和人力资源的积极效应，以提高工作效益和效率。绥棱黑陶企业的分散独自经营的现状，导致了各生产要素的分散配置、生产技术的不齐发展、要素的重复投入、资源的浪费使用、高成本的投入、低效益的运行，集约化发展的格局难以形成。

从规模效应和集约化发展的角度来全方位审视绥棱黑陶产业的发展，就是要合理配置生产力和生产关系中的所有要素，力图在黑陶生产的各个环节上有效合理地整合资源，实现经济效益的最大化，最终打造出规模化、集约化的黑陶产业经营模式，从而促进绥棱黑陶的良性运行，快速发展。比如，制定统一的各企业自觉恪守的行业标准，集中管理和使用技术人才，合力建立起一支从研发、生产到宣传、销售及售后服务的产业队伍，订单共享，根据各自实力和优势合理分配生产任务，建立起统一的财务核算体制，等等。也就是说，发展绥棱黑陶产业，实现规模效应，必须打破各企业“麻雀虽小，五脏俱全”的小型生产模式，要致力于生产环节的高度专业化和分工化。

集约化经营要求生产要素的相对集中，实现经营集团化、规模化。绥棱黑陶的发展依赖于生产企业的发展，因此，按照集约化经营的要求，绥棱黑陶企业的“各行其是，各自为战”和“分散经营”的局面必须坚决改变（陈愚，2005）。比如完全可以建立起绥棱黑陶集团，引进现代化的集团式管理模式，建立起精干而规范的机构与组织。比如生产工具之一的练泥机，只需购进一台即完全可以满足五家生产企业的饱和使用，根本不需要每个企业都投资购买。作为烧制成型的土窑，也不需要家家都建造，完全可以实现轮流使用和集中烧制，从而实现集中而高效的服务与效率。再比如在研发上，完全可以把各企业的研发力量集中起来，大力吸引和培养优秀的生产和管理人才，把优秀的人才集聚起来，实现人才资源的整合，研究成果的共享，快捷的方法和科学的手段的介入，从而达到资源的合理使用和实现共赢的发展目标，等等。

三、文化资源无法转化为文化产业，文化生态位失衡

绥棱黑陶生产企业中存在着以下问题：低效能生产，互相抄袭，依赖市场需求，没有统一的行业标准，重生产轻研发，重眼前利益轻长远打算，重订单销售轻开拓市场，缺少特色品种，缺乏品牌意识。没有主打品牌，形不成地域文化产品的“主角”，优势的文化资源无法“华丽转身”为优势的文化产业。

绥棱虽有丰厚的黑陶文化资源优势，但向产业优势、市场优势转化的能力很弱。黑陶文化资源的开发利用程度不高，按照标准化进行产品开发、制造和营销

的水平不高，品牌意识还不足。某一个厂家新研发出来一个新的器形，只要被看好，其他厂家就会很快“克隆”成功，外观设计的知识产权保护具体操作起来很难。绥棱黑陶生产中断近30年的历史，让老技术工人渐渐失去从业能力，新生的优秀的人才还没有培养出来。尤其是在设计上，无论是在器形、纹饰上，还是在功能定位上，都缺少优秀的人才，能称上大师级的人物更是寥寥无几。

利润至上，利润唯一，各厂家目光关注的焦点是产品的数量，是订单的完成，是盈利的数量。对“黑陶技艺”的研究处在浅表层次，对“黑陶文化”的内涵、范畴、意义等认识模糊，不能从理论上做出全面阐述，更难有独到研究和见地者，极大地影响了绥棱黑陶艺术的发展。营销手段原始，只有一个企业在外阜设立销售网点，缺少运用网上销售、代理销售、体验式销售、直销、对换变相销售等现代化销售手段的意识和能力。

同样属于绥棱“土著”艺术的绥棱草柳编工艺品，数十年来一直漂洋过海，名声在外。绥棱农民画艺术虽然是后起之秀，却有3000多件作品先后在报刊上发表，有400多件作品被中外收藏家和有关单位收藏，绥棱因为农民画艺术被评为“中国民间文化艺术之乡”，绥棱农民画艺术享誉龙江大地。仅仅才起步三年多时间的绥棱版画，现在成了黑龙江版画的后起之秀，不但屡屡在省内所有美术大展中崭露头角，而且有的作品入选全国版画展中。究其原因，主要的一点就是艺术上的含金量。

品牌作为最能够直接打动消费者购买心理的因素，从本质上说是企业文化的一个重要组成部分。良好的品牌意识和品牌营销能够让企业长期立于不败之地，这对于以文化艺术品为主要销售渠道的绥棱黑陶来说更是如此。品牌是社会大众而非仅仅指消费群体对一个企业及其产品、售后服务、文化价值的一种评价和认知，是把某个销售者或某群销售者的产品或服务与竞争对手的产品或服务区别开来的商业名称及其标志。它代表着特定商品的属性，体现了生产者的某些价值感，附着于特定的文化，反映出一定的产品个性。绥棱虽然有百余年的黑陶生产历史，恢复生产以来获得几十个重大奖项，但却没有培育出一个主打的黑陶品牌。20世纪六七十年代，绥棱黑陶虽然没有发展到现在这么多的品种，但一提起绥棱花盆，可以说远近闻名，远销海外。满园开花更需一枝独秀。花开满园，没有独秀一枝，就等于没有特色，没有品牌。无论奖项有多么多，那只能表明有优秀的产品，却不等于有自己的品牌产品。

要制定绥棱黑陶的产业标准和行业规范，确保黑陶产品的质量与真实性，保证货真价实。产业标准的制定是绥棱黑陶手工业向黑陶文化产业升级的必经步骤，也是黑陶企业扩大市场占有率保证产品质量的需要。尽管绥棱黑陶已经在原国家工商总局正式注册，但从其自身系统来讲，并没有制定出一套能够让大多数黑陶企业信服的产业标准。目前的生产标准基本上都处于各企业自说自话的阶段。产业标准的缺失使得企业生产出的黑陶质量难以达到统一的标准，造成质量上的参差不齐。更严重的是很可能会给不法生产企业钻空子的机会，最终影响整个绥棱黑陶产业的外部形象。消费者与那些真正守法的黑陶生产企业都会受到损害。在这点上，安徽宣纸的发展上曾有的教训必须要吸取：宣纸曾因为缺少行业的规范，在高回报的诱惑下，一些本来不具备生产条件和工艺的小作坊，无规则地肆意生产，生产出来的宣纸质量低劣，严重地影响了宣纸的形象。而在这方面，江西景德镇做得比较成功。景德镇陶瓷产业能够将整个地区带动起来并实现可持续发展，很大的原因就在于其对产品质量与行业规范的严格要求与认证，从而建立了良好的对外口碑。绥棱黑陶文化产业若想真正做大做强，必须要建立相关行业规范，对生产企业进行严格的质量把关，绝不能让某些没有生产资质的小作坊进入市场，摧毁绥棱黑陶的市场形象。

同时绥棱黑陶也应该增加对黑陶衍生品和文化旅游产业的关注。比如，依靠绥棱的旅游产业，将其包装成旅游纪念品。再如，在向收藏品的艺术定位中，不抛弃绥棱黑陶的实用性的原则，利用绥棱黑陶具有良好的透气性这一特点，将其设计成某种名产品的外包装，实现使用和收藏的“多元化”功能。在产品的功能上，将其制作成黑陶首饰、棋类产品。和电器企业合作，将其设计成台灯的底座，等等。在这方面，江南竹雕艺术的成功经验很值得学习和借鉴。竹雕古经书、竹雕名人书法作品、竹雕佛像、竹雕壶等既可用来装饰摆设，又可收藏。竹雕笔筒、竹雕笔搁、竹雕茶筒等，既实用又是很好的艺术品。

把黑陶文化产业做大做活，在很大程度上还取决于市场认可和开拓。因此，应该下功夫扩展黑陶文化产业市场。比如，通过多种形式和手段加大对黑陶文化艺术的宣传，让更多的人了解它、接受它、喜欢它；多策并举，寻求更多的承载源让黑陶艺术品从国内、国际展览厅走向文化消费市场；黑陶工艺品生产者主动调查市场需求，适应市场，占领市场，进而引导市场；企业走出作坊式的生产模式，实现向现代化生产企业转变；等等。

四、缺少实力型的创新意识

目前，绥棱黑陶生产遵循“古法”而不及“古人”，希望“与时俱进”却又“举步维艰”，观念陈旧，思维狭隘，缺少实力型的创新意识和物化了的创新能力。要改变这一现状，黑陶文化及产品也要走创新之路。

现代的黑陶艺术不仅要继承传统黑陶文化的核心内涵，更要在继承传统工艺的基础上，运用各种现代科技和文化手段，把更多的新工艺、新技术注入黑陶艺术品的生产中，使人们能够从这一保持千年之久的艺术品中感受到传统文化的魅力和现代工艺的气息，从而赋予黑陶文化艺术品以新的时代内涵。

创意是艺术品的核心竞争力，创意是文化遗产在新时代得以继续生存和发展的题中之义，因此需要着力培养创新型艺术人才。遗憾的是，绥棱的黑陶产品无论是在造型上还是在装饰上，无论是在内容上还是在表现形式上，很多仍然沿袭着20世纪60年代的思路。进入到90年代，绥棱黑陶的传统工艺发展几乎处于停滞状态，使得它越来越难以适应当代人的需求。比如，陶土的化学成分不合理导致生坯成品率较低的问题、亟须改变陶土配方提高其烧制温度的问题、没有科学的附加材料和复合工艺的问题，如此等等，迫切需要利用现代的科技手段，借助同行业的先进工艺去解决。

从非物质文化遗产的角度来看，绥棱黑陶有其独特性、原真性、整体性、民俗性，但在整个黑陶文化生态系统内，它缺少被异化，没有积极汲取其他地方的黑陶技艺中的营养和能量，没有实现黑陶文化生态系统内能量和物质的交换，加上其内部机制的不健全，结构的松散，产业链条的缺失，致使绥棱黑陶无论是在文化生态系统上还是在内部结构上，都严重失衡。为保障绥棱黑陶的可持续发展，切实保护好这一珍贵的非物质文化遗产，促进黑陶文化产业的发展，我们必须要面对绥棱黑陶生态位失衡现象，并予以重视，并切实有效解决。

黑陶产品作为人类的传统手工艺制品，如何在当下进行文化创新，是黑陶从业者应该认真思考的问题。笔者以为，黑陶创新应该在两个方面进行创新，一个是文化创新，另一个是技术创新。前者需要在继承传统的基础上取其精华、去其糟粕，在保留黑陶的原始美感和经典纹样的基础上，加入符合现代人审美格调的当代风格。而技术创新则较为直接，需要我们对传统制作工艺的缺陷进行技术革新，将黑陶文化产业链做大做强。在对传统工艺产业的创新上，景德镇的陶瓷文化产业值得借鉴，景德镇的陶瓷生产并没有单纯追求短期经济效益和产品规模数量，而始终将维护景德镇陶瓷的艺术个性深深植入文化产业，其在对产业结构进行调整的同时不忘对历史文化遗产的保护与传承，这就使得景德镇陶瓷真正实现了既具有艺术化、个性化的审美特征，还具有标准化、实用化的实用价值。因此，我们可以借鉴景德镇的经验。绥棱黑陶由传统的实用性向收藏性功能的转变可以说是一种思路的创新，但笔者认为，这种创新的深度和广度还不够，比如，可以考虑把黑陶收藏价值和实用价值结合在一起，使之成为既可用又可收藏的工艺品；再比如，成型上在保持镂空技术的优势外，或可增加手塑的成分，内容上再深邃些，让人除了能获得感官的享受外更有心灵的颤动和思想的升华。这点上，山东章丘龙山镇陶艺大师闵伟的作品，应该说是一个典范，值得绥棱的陶艺大师们学习和借鉴。闵伟本人也一直认为，“作品是作者、观者、作品三者之间的心灵感应，作品是有生命力的”。因此在创作中，他一直注重作品的时代感，强调作品的创新性。而这种创新性恰恰是他作品生命力的源泉。

黑陶是传统的，传统技艺的闪光内核我们无法也不能舍弃。但黑陶更是现代的，必须适应现代的审美趋势和审美取向，必须要有主动的创新意识和大胆的创新行为。因而，现代黑陶绝不是对传统黑陶的单纯复制，而是继承中一定要有创新和发展，并在创新思维和创新实践中逐渐形成自己的艺术风格。这才是一切艺术得以传继和不断弘扬的精神动力和智力支持。

创新是当下整个社会所面临的时代命题，是社会发展进步的催化剂和火车头。黑陶在基于继承传统技艺的同时，也要注重与时俱进的创新。只有这样，才能使黑陶工艺的发展具有顽强的生命力。也只有这样，才能使黑陶艺术反映现代生活和社会多元的文化。从20世纪中叶至今，现代黑陶在创新方面做了大量的工作。但要跟上日新月异的当代脚步，还有很大的差距。黑陶的创新本质是在了解并掌握当前的黑陶工艺和技术的基础上对黑陶烧造技术的革新和对黑陶艺术品位的提升。

1. 绥棱黑陶在造型上需要创新

形容人的外形之美，往往用魁梧、雄壮、婀娜、俊秀等词汇。不同的时代，对于人的外形美的标准也不同。“汉宫好细腰”，而在唐代却以胖为美。陶瓷造型也是一样，不同的时代，对于陶瓷造型的审美不一样，具有鲜明的时代特征。

汉代军力强盛，威震四方，汉朝北击匈奴，南平巴蜀，中国国力第一次达到世界级水准，与西方罗马帝国并列成为当时全球两大超级强国，彼时的汉代人具有极强的民族自豪感，这种民族自豪感极为明显地反映在了审美风尚和艺术品风格上。汉代陶器的造型气质雄浑、大方、轮廓刚劲。典型的汉代陶罐，器颈粗壮有力。器口微微水平外延，然后直立或略外张。蛋形的腹部。器足偏高，与口部相呼应。这种陶罐造型深刻体现出汉代崇尚威武雄健、气势磅礴的艺术格调，也是汉人国民性格的真实再现。唐代幅员辽阔，繁华富庶，开放的社会风气和开明的政治制度，吸引了无数留学生络绎不绝地前往长安，一品唐帝国的繁华与富庶。外国文化的涌入也使得唐代成了中国历史上思想和社会风气最为开放的朝代，唐代崇尚丰腴的体态美，丰满圆润的女子是这一时期的典型美女，艺术品也难免沾染了这种审美习惯，此期的陶瓷造型浑圆、饱满，轮廓线条的张力达到了极致，器物收口温润而厚重。宋代继承了唐代在经济、文化、科技上的繁荣，又对唐代过于开放的社会风气进行了一定程度的收紧，此时审美已经不再以丰腴为美，但在思想境界上却上升了一层新的境界。宋代的文化艺术堪称中国历史上的文艺复兴时期，书画、文学、工艺、瓷器等各种艺术门类的发展达到了极高的水平。在“格物”的理学思想指导下，瓷器造型须经反复推敲，追求完美。宋代瓷器也深受道教文化影响，崇尚挺拔秀雅、简洁飘逸的风格。强调线条弧度最为优美的变化，器形的各个部位比例和谐，收放得体，突出工艺与造型的本质呈现，产生了一批影响深远的经典造型。这一时期，陶器造型基本稳定成熟。而辽、金、元时代中国被融合进了更多的外族文化形态，此期胡风盛行，产生了与汉代陶瓷文化截然不同的风格趋向，陶瓷器形具有强烈的北方草原、游牧少数民族的典型审美特征，皮褵壶、鸡头壶和元青花是这三朝的代表。而其中元青花瓷是中国陶瓷历史上难得的艺术珍品，元青花与唐宋甚至更远朝代的瓷器不同，它融合进了北方蒙古游牧民族的审美取向。元代杂剧兴起，蒙古统治者对汉人悠久的历史文化非常崇拜，经常演出历代帝王将相、英雄豪杰的历史故事。元青花上的图案大部分都是这些丰富多彩的历史故事，可以说明即便是在少数民族统治的元朝，中国汉族传统陶瓷艺术依旧具有极强的艺术吸引力和个性。而到了明清时期，贵族文化日渐衰微，平民市井文化繁荣昌盛。这一时期陶瓷逐渐进入到平民阶层的视野，陶瓷制作翻开了重技巧、重装饰的篇章。造型虽偶有创新，但有时是本末倒置，成了极尽繁缛装饰的配角。由于材质和实用功能上的限制，1000多年来大同小异，变化不大。

通过回顾历史，我们可以看到陶器之所以能够保持持久生命力的原因之一就是它能够在历代人经常转换的审美趣味中收放自如，随时都可以满足消费者的观赏需求和实用需求。因此，若想要绥棱黑陶在当代继续发出夺目的艺术光芒，艺术上的保守主义是行不通的，我们需要在继承传统艺术精髓的基础上进行更为大胆的创新。绥棱黑陶的制作以拉坯成型为主，所以一些中轴对称的器皿造型成了黑陶的主流造型。天球瓶、玉壶春瓶、胆形瓶、葫芦瓶、梅瓶、莲子缸、将军盖罐等较为常见。因此在未来的进一步探索上，绥棱黑陶需要在造型上大胆突破，创作出更符合现代人审美需求的艺术佳作。

2. 绥棱黑陶在装饰上需要创新

黑陶的装饰受传统艺术形式和审美趣味的影响较大，为了突破黑陶特殊呈色的单一性，最为普遍的装饰方法就是刻、划、镂、雕。

早期的装饰借鉴了东北民间剪纸平面化的表现方法，后期，在发展耀州窑刻画花的基础上，进行双边斜刻，再点缀镂空处理，使装饰颇具立体效果，形成了黑陶独有的装饰语言，题材以动植物装饰和传统吉祥纹样为主。

在惊讶于黑陶装饰工艺美的同时，怎样去欣赏黑陶装饰的艺术性呢？“他山之石，可以攻玉”。我们不妨从别的角度导入：

太湖石在中国园林中经常被运用，瘦、漏、皱、透四大特点，发散出挺拔、嶙峋、沧桑和玲珑的魅力，叠石成山，为庭院空间变化提供了不可或缺的主体元素。

雕花窗格，功能在于建筑内外两个环境的沟通，是室内安全引入室外景致的通道。它使私密的空间在有限的范围里得到由近而远的延伸。室外四季变换的无限风物被窗格掩映，增添了一种特别的朦胧感和诱惑力。

在黑陶基本脱离储物的功用而进入陈设物品行列之后，绥棱现代黑陶造型形式范围可以有一个大面积的拓宽。此外，实用功能的消退不代表实用功能完全丧失，这就要能够根据人们的需求设计实用且美观的黑陶造型。

在长期的制陶经验中，我们不难发现，黑陶的坯体比较容易打磨。这一特性，为黑陶造型在烧成后的二次创作打开了方便之门。利用精工磨制的方法，石雕工艺可以在陶瓷造型工艺上运用，这使得许多以前手工艺限制而无法制作的造型有成功的可能。龙山文化的蛋壳黑陶很有可能就是通过类似工艺打磨后的惊世之作。

黑陶的装饰运用刻、划、镂、雕的手法，打破了黑陶表面颜色的单一性，丰富了在不同的受光条件下黑色的变化层次。镂空装饰更为黑陶开了一扇窗，光线透进黑陶，增加了黑陶的神秘感和可视性。空气与光线在陶器中自由穿行，混合着时间的味道，加上曲直有序的纹饰，透着一块块被黑色切割的不同形状的背景，视觉能在安静祥和的氛围里感受流动的舒缓。这也是湖石、窗格给我们带来的视觉感受。

现代黑陶的装饰题材丰富多彩，各种古今纹饰被巧妙地运用到黑陶装饰上。有竹叶、莲花、梅花、菊花、牡丹等植物花卉，有缠枝纹、云龙纹、蕉叶纹、火纹、回纹、菱花纹、鱼鳞纹等传统纹饰，还有黑陶艺术家们借鉴或在生活写生里提取的现代图案。

在装饰方面，一方面要继承吉祥纹饰的运用，另一方面需要研发设计具有地域性和当代性元素的装饰题材，比如特有的冰雪文化题材、特有的历史题材、特有的东北动植物题材、特有的民族风俗题材、特有的地理风光题材和特有的城市风光题材等。

冰雪题材已有黑陶艺术家关注。笔者在绥棱考察时发现，侯力平先生艺术研究所里有几件雪花纹饰的黑陶作品就很精彩。这样的作品是非常有意义的创作尝试，它把黑陶装饰的目光从已有的程式化语言中转移开，着手表现身边现实里美好的景物。

面对带给北方人们欢笑记忆的爬犁、冰嘎，富有激情的现代冰雪运动，都可以从中提取到优美的装饰语言，在黑陶上记录特色的时代风情。

黑龙江是古代肃慎人的家园，创造过辉煌的靺鞨、契丹和女真文化，是我国古代游牧和渔猎文明的重要组成部分。自公元7世纪到11世纪的近500年间，他们在龙江大地上纷争杀戮的同时也播下了有别于中原的文化火种。黑陶装饰设计者不妨“史海沉钩”，去捕捞一些文明碎片，来作为黑陶装饰味道隽永的素材。

我国富饶的极北之地，拥有众多的珍稀物种。大、小兴安岭生长着红松、白桦、蓝莓、黄檗、蒙古栎、椴树、疏榆和阿穆尔丁香等寒地植物，森林里有林蛙、松鼠、狍子、驼鹿、驯鹿、马鹿、西伯利亚虎和亚洲黑熊等。草原上生活着貉、草原灰狼、狼獾、旱獭、红狐等。丹顶鹤、白枕鹤、天鹅、鹭鹏、鸳鸯和中华秋沙鸭在沼泽涉游。江河湖沼的水里，有鳇鱼、红鲑、三花五罗十八子等特有鱼类……这些都是黑陶装饰很好的表现对象。

艺术反映生活。在黑龙江生活着34个不同的民族，汉、满、朝鲜、蒙、回等族人数较多，锡伯族、达斡尔族、鄂温克族、鄂伦春族、赫哲等族人口虽少但也有着自己特有的生活方式、民风民俗。他们是古老而神秘的原始宗教——“萨满”的继承者，也是渔猎文明的活化石。他们的生活淳朴而充满神秘。他们饲养驯鹿，住撮罗子、地窨子。用鹿皮、狍子皮、桦树皮或鱼皮制作衣帽和手工艺品。人们在大兴安岭的山林里狩猎，或在乌苏里江渔船上撒网。这样诗情画意的生活场景，是包括黑陶在内的所有艺术形式表现的珍贵资源。

47.3万平方公里的黑龙江省，坐拥丰富的地理环境，有大山林、大草原、大农场、大江河、大沼泽、大火山、大湖泊，可谓风光无限。大小兴安岭、张广才岭和老爷岭森林密布，是树木的博物馆和天然的氧吧。杜尔伯特和完达山下，辽阔草原上牛羊成群。三江平原、松嫩平原水美土肥，绿野千顷，号称祖国的“北大仓”，是全国最著名的绿色粮油食品基地。星罗棋布的沼泽散落在齐齐哈尔和大庆地区，夏天碧水如镜，秋天芦花胜雪，诸多的野生禽鸟在这里自由栖息。五大连池和镜泊湖、兴凯湖，不仅风景优美，而且是地质学的天然教科书。黑龙江、松花江、牡丹江、嫩江、乌苏里江及其千百条支流，风光旖旎，形成一幅幅盘亘舞动的龙江生活长卷。

黑龙江的城市风光也是黑陶装饰创作的源泉。油城、煤城、林城、鹤城、江城、边城，城城不同，各有千秋，尤其是有“东方小巴黎”之称的北国冰城哈尔滨，更是一座融汇了东西方文化的东北亚艺术之都，这里到处都留存着俄罗斯文化的影子，东方文化和俄罗斯文化在这里得到了最为精妙的诠释。在景色秀丽的太阳之畔，弯弯的松花江穿城而过。城里教堂林立，绿树成荫，拥有众多的异域风情的建筑，是活生生的万国建筑艺术博物馆。

总而言之，只要去细心感悟和描绘黑龙江，去体味这个广阔的东北土地上的文化脉搏，黑陶装饰具创新性的语言素材就会源源不断，这里的资料宝库取之不尽，用之不竭。

3. 绥棱黑陶在原料和烧成上需要创新

黑陶“烟熏渗碳”的工艺通常要求温度在1000℃以下，这与黑陶原料中黏土的耐火性有关。高于这个温度，坯体容易软化变形，碳素在达到高温熔点后燃烧，黑陶的黑色也不能够很好呈现。众所周知，黑陶的吸水率偏高，机械强度低，除了陈设性，其实用功能较少。为了改进黑陶在材质上的缺陷，需要对传统原料的配制加以调整，泥料中掺入一定比例的高岭土、石英粉，提高陶坯的烧成温度；也可以在原料中加入塑性物料，拓展除拉坯成型以外的方法，进行有效的成型方面的尝试。

在不完全烧结的素烧后再进行二次熏烧，熏烧时坯体可以根据需要，包裹上麻绳、秸秆或树叶，烧成后，受遮挡的部位色彩斑驳，使黑陶的表面形成较为丰富的自然变化，符合一部分人群的审美需求。

4. 绥棱黑陶在包装上需要创新

为了满足文化消费市场的需求，提高直观的审美品位，针对人们的消费心理，黑陶的包装也要下功夫设计创新。

陶瓷是易碎物品，并且比较笨重，包装运输时必须轻搬轻放。古代陶瓷外销时，水路多于陆路，水路运输盛行的原因有两点：一是陆路崎岖，运输使用驴、马、骆驼，陶瓷经受不起过多的颠簸，水路运输相对平稳。二是陆路运输分量较轻的茶叶、丝绸之类的商品，对较重的陶瓷运输量极小，而水路运输量大大高于陆路。因此古代对外贸易有“陆上丝绸之路、茶马古道、海上陶瓷之路”的说法。

对于陶瓷产品的运输本书不做展开，这里单说陶瓷的包装。为了降低运输途中陶瓷的破损率，陶瓷的包装十分重要。

近来，包装行业许多新材料得以运用，陶瓷的包装更新很快，早已淘汰了沿用了几百年的稻草捆扎的方法。市场上可以根据需要定制到木盒、纸板盒、锦盒和糊布木盒，等等。所以，无论黑陶工艺品具有多么高的艺术设计水平，若包装潦草不契合，其蕴含的文化理念、设计风格都是失败的，只有将二者的深层内涵融会贯通，达到二者的共鸣，才会让欣赏之人的艺术美感得到最大程度的发挥，而这就需要黑陶艺术品的包装能更契合艺术品的设计理念。

第三节　解决绥棱黑陶文化生态位失衡的对策

文化生态环境的优化是绥棱黑陶生态化发展的前提。作为一种非物质文化遗产的绥棱黑陶是特定的文化生态的产物，其延续与发展必须要置于一个和谐的文化生态系统之下，且与该系统下的自然环境、社会经济、社会制度等各层子系统保持着良好的共生性，并和民众生活息息相关，密不可分。

一、加强对绥棱黑陶自然资源载体的保护

很多自然环境直接就是非物质文化遗产的产物。

有时直接就是自然地理环境造就了非物质文化遗产，如茅台酒只产于茅台镇。良酒之地，必有佳泉。这里有独特的地下水资源，是酿造茅台酒最好的水质。说起紫砂壶，没有任何地方敢与宜兴相媲美，因为只有这里才有世上独一无二的紫砂矿。再如太白山有植物近2000种，其中中药资源800多种，被称为"药山"，太白山的药材资源是形成关中地区传统医药的主要前提和成分，只有对这些药材资源进行科学保护和培育，才能使关中地区传统医药得以继续传承和发展，才谈得上对相应的非物质文化遗产实施了保护。这说明自然地理条件对非物质文化遗产的形成起着决定性的作用与影响。这种影响是两面的，如果该地区的自然环境受到了灾难性的破坏，那么许多非物质文化遗产也必然发生质变。所以必须要将生态环境保护与非物质文化遗产的保护传承结合起来。换言之，对绥棱黑陶生态化保护必须保护好绥棱黑陶地区的生态环境和自然条件，我们需要考虑到当地特殊的文化生活方式及审美情趣等，这些因素都与地理生态环境有密切联系。由于制作绥棱黑陶的陶土来源于自然，在开展对绥棱黑陶非物质文化遗产保护的同时应该抓住国家繁荣文化产业的战略发展机遇，实现生态建设与文化产业的协调发展，保护本土原生态民间文化，实现绥棱黑陶制作技艺的延续。

二、重视对绥棱黑陶技艺的本体保护

（一）要站在建设"绥棱黑陶文化生态博物馆"的理念高度

设立绥棱黑陶文化生态保护信息资料中心，承担起信息搜集、调查研究和展示教育的作用。在资源丰富、生态文化维持较好、人才实力雄厚、经济效益好的企业建立传习基地，承担起当地公众参与绥棱黑陶文化生态保护作用的责任，激发并提高民众参与的文化自觉和文化认同，实现绥棱黑陶文化生态化保护。

可建设一座以展示绥棱黑陶文化生态化保护成果为主的"绥棱黑陶文化生态博物馆"，或利用现有的绥棱展览馆、在建的绥棱博物馆等开辟专区进行内容扩展，承担起整个绥棱黑陶文化生态保护信息资料中心的功能，主要作用是通过博物馆形式集中展示绥棱黑陶文化项目，统筹对含有丰富历史价值、艺术价值等信息的作品、文字资料、影视资料等实物的收集，开展绥棱黑陶文化调查研究。需要注意的是，信息中心的展示应该既有传统博物馆之功能又有别于传统博物馆的

展示。一方面，与传统博物馆一样需借助真实物质载体来传递更深层面的文化知识等非物质信息，但需在原有的收藏和展示领域中，将对静态“物”的关注扩展到更广泛和深刻的人和文化的动态发展过程上。另一方面，需要不断扩大原有收藏和保护的藏品范围，更多地关注民间社会的文化资源，并选取恰当的形式，如利用影音资料、现代电子数码科技建立虚拟博物馆，利用讲演者和解说者的现场口述，系统全面地呈现出绥棱黑陶文化生态保护成果。

（二）要遵循艺术风格的项目分点保护

黑陶制作技艺是靠口传心授传承的，技艺本身是抽象的，因而在发展与传播中，往往会形成不同的特征和风格。无论是拉坯还是纹饰设计、雕刻方法，各个企业都有一些自己的优势特长。虽然有时这种差异难有分明的界限，但在对黑陶技艺本体的保护上，需考虑到各个企业及传承人不同的特色，不能制定出统一的技艺标准。在绥棱黑陶文化生态保护中，应允许各企业和个人之间差异化传承教育，可以有意加大对部分弱势技艺、弱势企业的扶持，但不必拘泥于固定模式，给从业者的智慧和才华以发展创造的空间。

绥棱黑陶制作技艺专业性、技艺性较强，本身经济价值属性较为凸显，以家庭传承或家族传承为主，在当代生活中具有鲜活的生命力，也更容易吸引相关保护资金。绥棱黑陶制作技艺属于传统技艺类文化产业，具有就地取材、就地加工、污染少、能耗低、适合家庭生产、附加值高等特点，对于其中的以材料、技艺、样式、风格的独特性所构成的物质产品本身具有独特的艺术魅力和收藏价值的“有形”部分，可进行生产性方式的保护，即通过生产流通、销售等方式将其转化为产品产生经济效益，并促进黑陶产业发展，使保护成果与经济社会协调发展实现良性互动。可以在不违背其内在规律和自身运作方式、不扭曲其自然衍变趋势的前提下，将其导入当代文化产业体系，扶持传统手工生产，通过手工艺品或旅游商品的开发，走与现代工业生产并举共存、互补互益的发展道路，使之在生产实践中推动绥棱黑陶文化生态的保护，达到“以保护带动发展，以发展促进保护”的目的，实现文化保护与经济发展的良性互动。

（三）生产性方式保护

实践证明，生产性方式保护是实现技艺型文化产业生态化保护的重要途径。如哈尔滨里道斯红肠、靺鞨绣等技艺型文化产业都是通过自觉或不自觉的生产性方式保护的。

但对此类遗产的保护工作不应仅限于工艺品制作技艺的传承和产品的销售，更应着力于培养社会对传统工艺劳动过程的关注、理解与兴趣。此时，“无形”

部分即主要掌握在少数艺人手中的绥棱黑陶的制作技艺或技能的保护显得尤为重要。“无形”部分的保护需要从保护传承人和通过文化产品传递价值两方面开展。首先应加强对代表性传承人的保护，发挥生产性方式保护的带头作用。其次还应顺应体验经济时代要求，开发一些观众参与、互动的、体验式旅游产品。①动静结合，增强参与体验。通过静态展示的方式，如开放黑陶博物馆、生产车间、泥吧陶吧，让游客观赏、体验。做好各类宣传，让更多的人了解绥棱黑陶文化。通过参与式活动项目设计，参与绥棱黑陶制作活动，并设立奖项，增强体验，注意环境与氛围的营造，使游客感到身临其境。可借鉴陕西凤翔六营民俗苑的做法，为保护凤翔泥塑，凤翔县以凤翔泥塑的驰名地六营村为依托，以国家级传承人胡深、胡新民等为支撑，在六营村设立泥塑作坊和泥塑加工体验坊，进行泥塑工艺品展示。当地相关部门还通过组织泥塑文化节、开展民俗手工艺研讨会、举办泥塑大赛等活动，在保证不失传统技艺原真性的基础上，促进技艺传承和遗产保护。②凸显价值，开发特色旅游。体验性、娱乐性较强的旅游项目能够较为直观地满足游客“求新、求奇、求异”的旅游需求。因此，采取生产性方式保护，更应结合文化产业和旅游产业合理开发。设立保护协会，协调和指导活态文化保护活动。

此外，提升绥棱黑陶艺术工作者的数量和素质是保护的根本。人是绥棱黑陶生态化保护的主力军，可是目前能够全面掌握绥棱黑陶整套制作技艺的人只有两人，而且年岁已高。必须不断提高现有民间艺术工作者的综合素质和专业水平，重视对后备人才的培养，提高传承人的社会地位、经济地位。

三、建立活态传承的文化空间保护

目前就绥棱黑陶生态化的保护来说，官方依旧是主要的推动力量，民间由于实力规模上的差距，始终无法有效地参与保护，但政府行为在绥棱黑陶生态化的保护是暂时的，且难以达到最优效果，最终还需依靠企业和民众的觉悟和行动，需要整个社会的参与和支持。持续深入开展绥棱黑陶生态化保护的宣传、教育工作是提高民众文化自觉意识的根本途径。

（一）建立生态化保护体系

首先，现代媒介为信息传播提供了重要平台，在绥棱政府网站上建立集工作平台、宣传教育和检索服务等诸多功能于一体的绥棱黑陶生态化保护数字网络，为生态化保护工作提供良好的信息共享环境。

其次，应积极推进绥棱黑陶文化生态博物馆建设，将普查、收集、整理的绥棱黑陶生态化保护资料需保存和可保存部分，运用先进的保护方法保护起来。定期举办具有一定规模的弘扬绥棱黑陶艺术的学术展览。大力借助现代科学技术，通过虚拟现实展览、在线文化长廊等新型展示形式，使博物馆成为鲜活的绥棱黑陶文化的保留地。指导有条件的企业建立起自己的展馆或展示中心。

最后，组织民间艺人、民间艺术表演队伍，利用绥棱的“五个文化活动月”等活动开展绥棱黑陶的展演等系列活动。绥棱黑陶在民间具有相当强的影响力，除了官方的有力推动外，也绝对不能忽视民间市场的开发，要利用好在哈尔滨举办的每年一次的“中俄贸易洽谈会”、在黑河市举办的中俄文化大集以及“文化遗产日”等平台，积极参与国内外文化交流活动。让绥棱黑陶文化产业与旅游联姻，扩展绥棱黑陶生态化保护成果的传播途径，加大绥棱黑陶生态化的保护和宣传力度，吸引更多的国内外游客来到绥棱，体验这种古老民间手工艺的多元魅力。对绥棱黑陶生态化保护成果进行合理的开发与利用，出版绥棱黑陶生态化保护成果系列丛书，开发一系列具有绥棱当地特色的黑陶文化纪念品、艺术品，建立一批绥棱黑陶生态化保护研究开发生产基地。

绥棱县把绥棱黑陶制作技艺编成了乡土教材，这个想法很好。但据笔者亲自到学校调研发现，各学校根本没有使用。原因有二：一是没有老师，掌握绥棱黑陶制作工艺的人才本就已经稀少，而近几年由于对外宣传能力的不足，许多教师都没有接触到这门古老传统的制作工艺，何谈能够传授给学生？二是没有把乡土教材纳入考试范畴，这是一个更为关键的问题，师资可以经过短期培训迅速上手，但转变教育观念却不是短期能够实现的，目前的教育制度过于重视数理化科目，而对学生进行传统文化艺术教育则重视不够，这也导致了学校和教育部门不能有效地重视文化艺术的教育，学生们自然就会轻视对以绥棱黑陶为代表的手工艺术的学习，所以好的想法还要有实际的实施，目前看来，尚不具备这种全面推广的可能性。

（二）加强对民众的教育引导

首先，应增强对绥棱黑陶制作技艺传承人在绥棱黑陶生态化保护中的文化认同意识，调动其自发意识和参与热情，但必须以尊重民间文化自然存在、自然传承方式为前提。民间传人是绥棱黑陶得以发展的根本性力量，这些手艺人掌握着最为纯熟的制作工艺，但由于种种原因，对这些技艺传承人的保护和扶持力度明显不够，他们中很多人的生活状况并不理想。因此，在当今绥棱黑陶已被纳入非物质文化遗产的语境下，我们必须要对传承人的艺术传承进行档案登记、数字化存录，授予其相关荣誉称号并予以表彰，组织相关专家就其艺术成就进行分析和总结，举办艺术成果展演，使其起到以点带面的作用。绥棱县在黑陶行业评定全县工艺美术大师、对优秀的传承人拍摄专题片等做法，是值得赞许的。此外，要通过建立行之有效的传承机制，保护当地具有高水平技艺的黑陶手艺人，给予他们生活上的补助，帮助他们开拓销售市场，为他们争取更多的市场份额。同时也应该要注意培养黑陶艺术的传承者，定期举办相关的公益培训班。这方面绥棱职业艺术学校的做法很好，该校设立了绥棱黑陶专业，并把主要的学习地点和实习基地设在了龙升陶黑陶文化有限公司，由公司负责培训，学校负责发文凭。边学理论边实践，几年来，该校培训出优秀的学员50多人，他们现都已成为绥棱黑陶的后起之秀。绥棱职业艺术学校的这种做法开创了以学校为依托，进行文化产业生态化保护的先河。

其次，应加强对相关管理者的教育，提高各级管理人员的文化自觉意识，逐渐减少文化决策的功利性，自觉加大对文化基础设施建设的投入，推进文化创新，增强文化发展的活力。让群众充分享受到文化发展的成果，充分发挥文化引导社会、教育人民、推动发展的功能，提高年轻人对非物质文化遗产的兴趣和参与程度。

（三）加大培养专业人才的力度

为加强绥棱黑陶生态化发展与保护，应主动与大专院校和科研机构中专家学者们进行合作。近几年来，绥棱本地文化人才主动寻求绥化学院、哈尔滨师范大学工艺美术学院合作，围绕绥棱农民画和绥棱黑陶先后完成省以上课题3个，这种做法应该坚持下去。针对民众应通过多种形式提升他们对绥棱黑陶生态化保护上的文化自觉，改变目前许多青年人对本土文化无知无感情的状态，重新唤回他们对于本土文化的热爱和情感，加大对编写绥棱黑陶生态化保护乡土教材的投入，做好绥棱黑陶生态化保护相关书籍的编辑出版工作。可借鉴陕西安塞“腰鼓进体育课、剪纸进手工课、农民画进美术课、民歌进音乐课”等“四进课堂”的经验，在中小学、职业学校开设民间艺术课程，在课程内容上增加与绥棱黑陶生态化保护相关的内容。组织学生参观黑陶生产企业、产品陈列室、展厅和博物馆、展览馆，参加与绥棱黑陶生态化保护相关的论坛和会议、相关的演艺活动，积极开展绥棱黑陶生态化保护成果进省展、省外交流展活动等。

四、营造经济发展环境，夯实绥棱黑陶生态化发展基础

（一）绥棱黑陶生态化发展与地方经济相结合

首先，将绥棱黑陶生态化保护规划与地方经济社会发展规划相结合，政府应

当制订绥棱黑陶生态化发展规划并将非物质文化遗产保护事业纳入国民经济和社会发展规划。在《绥棱县“十三五”社会经济发展规划》中，政府声明了坚持全局观念，统筹规划绥棱黑陶的保护工作，让其与经济社会发展规划相衔接、相配套，做到立足长远，切实可行。立足现在，分阶段提出目标、任务和要求，循序渐进，扎实推进，逐步实施。

其次，应将绥棱黑陶作为未来绥棱重点扶持发展的文化产业。要从政府层面加大技术、资金、人才的扶持力度，要在寻求市场、对外宣传和交流上有实质性的举措。不能只写在纸上，不落实行动。

最后，应将绥棱黑陶文化生态保护与其他地域文化的保护传承与发展相结合。目前绥棱有国家级非物质文化遗产 1 个、省级非物质文化遗产 5 个，在对绥棱黑陶进行保护和发展时，可以与民俗、民间文艺、民间工艺的传习点建设结合起来。建立传习基地和传习所，建起一个像齐河中国现代黑陶馆、日照中国黑陶博物馆那样的规模大、展品多、内容丰富、底蕴深厚的黑陶展览馆（博物馆），以点带面唤醒当地人的文化自觉意识，为实现绥棱黑陶生态化保护做好舆论支持。

（二）制定专项资金审核制度，加强监督与管理

首先，需继续加大投入，统筹运用政府专项资金。近五年来，绥棱用在绥棱黑陶产业上的政府投入资金是零，都是靠几家企业的投资。这些经费对绥棱黑陶的文化生态化保护这一巨大的系统保护工程来说明显不足。当地政府需切实增加对绥棱黑陶生态化的投入，将绥棱黑陶生态化保护的专项资金列入本级财政预算，并随财政收入的增长而增长。应每年安排专项资金用于绥棱黑陶生态化保护，用于技艺的挖掘、艺术人才的培养，扶持当地的黑陶企业，并制定专项资金审核制度，加强监督与管理，确保绥棱黑陶生态化保护专款专用并提高效益。

其次，应拓宽资金来源，通过官方和民间双重力量，积极动员全社会的国内民间资本和外资参与其中，建立公益性项目财政补助，设立绥棱黑陶生态化保护社会基金，推动绥棱黑陶生态化保护项目的社会化运作。

最后，对传承人提供经济生活保障和社会福利保障。鉴于传承人的重要作用，有必要在专项基金中强调保障经费的供给。经济保障对于非物质文化遗产传承人来说至关重要，传承人应该享有政府提供的定期生活补助。绥棱县已经连续两次评选全县“十佳”文化人才活动，每次都有从事黑陶制作技艺的社会人员入选。类似于这样的活动要多举办，并实行定期表彰奖励，以体现精神关怀，提升传承人的社会声望与社会地位。

（三）文化产业与生态化保护相结合

绥棱黑陶生态化保护必须和文化产业发展结合起来，必须对绥棱黑陶深厚的资源进行新形式和新途径的发掘，对当地的文化资源进行深度开发和进行创新效能性的利用，使古老文化焕发出新的活力。文化产业的最大生命力就是能跳出自己，和其他产业相结合、嫁接、融合形成新的产业形态，打造成聚集性文化产业。这种新的产业形态会以其聚集产生的化合作用和裂变效应形成最新的生命力和强大的核心竞争力。绥棱黑陶的生态化保护如果与文化产业适度结合，必将获取一定的经济利益与社会效益，从而反哺绥棱黑陶的生态化保护。

素有“六山一水三分田”之称的绥棱县，是革命老区。这里的自然旅游资源和人文旅游资源都十分丰富。目前投资38亿元的阁山水库工程已经启动。但需要注意的是，对旅游资源的开发不能仅仅注重快速地实现效益，若想维持长久的发展，必须重视挖掘旅游资源所蕴含的丰富文化内涵，做到经济效益与人文文化的双重融合，使得绥棱当地的文化旅游产业能保持恒久稳定的繁荣发展。要重视开发绥棱当地丰富的人文历史资源，发展具有本地特色的旅游品牌，力求最大程度地在全国乃至全世界推广绥棱黑陶文化品牌，并为绥棱黑陶的生态化保护广开途径。绥棱黑陶产业与旅游业的结合，必然使自然景观更富人文气息，不断增强自然景观的品质与魅力。名胜古迹与现代休闲生活方式的嫁接、会展商贸与节庆活动的嫁接、优势产业与现代传媒的嫁接等，都应该成为文化产业生态化发展的新特色。通过全面交叉嫁接，强力扩展文化产业链，提高文化产业比重与辐射力。可遵循政府意志、科学规划、资本运营的发展思路，立足绥棱黑陶的特性，结合文化发展的客观规律，依据主客体有机关系，遵从民族审美崇尚和价值取向，体现时代发展内涵。同时，要将绥棱黑陶的公益性和盈利性有机结合，以多元主体和谐参与为保障，不仅可有效保护绥棱黑陶的文化产业，而且更能凸显出非物质文化遗产的人文精神和人文价值。

五、强化相关制度建设

（一）建立健全资料管理系统

要重视对绥棱黑陶生态化保护工作的田野调查和体验式研究，深入而广泛地开展绥棱黑陶生态化保护的普查工作。以前，对绥棱黑陶的研究主要是以传统的实物调查和数据统计为主要方式，尽管这种研究方式具有很强的客观性和准确性，但它忽视了绥棱黑陶中蕴藏的深厚人文文化底蕴，而这种文化上的研究难以用量化统计的方式进行分析，因此我们要运用现代文化人类学、文化生态学的全新研究方式，采取深入情境体验式的研究态度，这样才有益于对绥棱黑陶生态化保护工作的全面把握。就像哈尔滨师范大学工艺美术学院师生那样，来到绥棱，深入到生产企业当中，亲自动手去制作黑陶，直接把自己的设计变成具象的黑陶作品。这种体验式研究可以定点跟踪调查和周期调查的形式开展，使相关调查人员受到专业培训。

只有融入绥棱黑陶的文化生态场所，对其内在的文化特征、意义和价值才能有更为深刻的领悟与陈述。如此得到的田野作业资料和考察报告，可作为绥棱黑陶的静态的特征和价值以及动态的发展变迁有力的佐证，对人文学术研究的创新也具有重要意义。

普查摸底是绥棱黑陶生态化保护的基础性工作，从绥棱目前的普查成果可以看出，普查资料管理工作有待进一步增强。应规范资料管理工作，从具体的场景、情境入手分析，不仅对绥棱黑陶企业运营情况、工艺传承情况、分布状况等进行调查，还需对其生存环境、历史渊源、保护现状等进行掌握，并借助现代化的电子设备、录音摄影器材以及其他影视技术等新工具，建立档案和数据库，尽量做到真实全面，系统客观。在此基础上，对绥棱黑陶的存在生态进一步分析，为全面开始的生态化保护工作奠定基础。

（二）建立科学生态化保护体系

应从制度层面明确政府、社会组织、传承人等各相关者在绥棱黑陶生态化保护上的责、权、利，明确职责，分工协作。

充分发挥县非物质文化遗产保护中心和各生产企业或行业协会等组织的作用。绥棱县政府要承担起绥棱黑陶生态化保护的任务，履行绥棱黑陶生态化保护工作的责任，发挥好布置、检查、督促等职能。需要吸收多方专家的积极参与，搭建起一种平等的多元对话平台，从历史价值、艺术价值、文化价值、社会价值以及科学价值等各个方面给予综合评价。

（三）加强政策引导和监管

从资金、用地等方面加大对绥棱黑陶产业文化生态保护示范基地的建设的政策扶持力度，县政府可设立绥棱黑陶产业文化生态保护示范基地的建设专项资金，并列入财政预算，为绥棱黑陶产业文化生态保护示范基地的建设和抢救、发掘、保护文化遗产以及培养民间艺术人才，提供必要的经费保障，并通过政策引导等措施，鼓励个人、企业和社会团体对绥棱黑陶产业文化生态保护示范基地的建设工作进行资助。同时，各生产企业要根据自己的实际情况制订绥棱黑陶产业文化生态保护规划，明确保护范围、保护措施和目标。有步骤、有重点地循序渐进，逐步实施。明确保护工作的具体内容、完成任务的期限、资金的使用计划及项目保护责任人等事宜，并要求项目保护单位在完成任务后进行保护工作情况报告，以确保保护资金的使用能够落实到位，使用合理，有据可循。把绥棱黑陶产业文化生态保护示范基地的建设项目优先列入各级政府重点建设项目，优先保证用地，并在税收等方面给予优惠。可从文化资源与空间角度出发建立各示范区，选择生态环境和人文环境较好、有较多传承人的企业建立绥棱黑陶产业文化生态保护示范基地。

结　语

原始社会的制陶工艺与现代相比虽然比较稚嫩原始，但如果从其纹饰和造型特点来看，不失为一种别具一格的视觉风格，也是人们早期的工艺美术作品的集中反映。它能够反映出远古先民们的社会风俗和审美风貌，可以为现代黑陶设计者提供有价值的艺术信息。

对于以陶器作为人们生活基本用具的时期，应采用陶器作为划分考古学文化的标志。

黑陶是人类最初为了改造自然为己所用的产物。地理环境和自然生态的差异也造就了不同地域的黑陶风格，使得黑陶文化呈现出浓郁的地域性色彩，它是当地人民群众传承千年的文化载体和美学符号。由于不同地域之间自然环境和气候条件等方面的差异，使得陶器在不同地区呈现出不同的艺术特征。在千百年的演化过程中，各地黑陶文化都或多或少地与中原文化产生联系，无论是在造型样式还是在纹饰特征方面都受到了先进的仰韶陶器的影响。这就使得中原陶器与其他地区黑陶文化连成一片，互相融合、互相吸收，创造了悠久灿烂的中国黑陶文明。

黑陶是传统的，传统技艺的闪光点我们无论如何也不能舍弃。但黑陶更是现代的，必须适应现代的审美趋势和审美取向，必须要有主动的创新意识和大胆的创新行为。因而，现代黑陶绝不是对传统黑陶的单纯复制，在对传统黑陶的继承中一定要有创新和发展，并在创新思维和创新实践中逐渐形成自己的艺术风格。这才是一切艺术得以传承和不断弘扬的精神动力和智力支持。

从非物质文化遗产的角度来看，绥棱黑陶有其独特性、原真性、整体性、民俗性，但在整个黑陶文化生态系统内，它缺少被异化，没有积极汲取其他地方的黑陶技艺中的营养和能量，没有实现黑陶文化生态系统内能量和物质的交换。传统文化的发展需要创意，但创意的过程是创造的过程，不是对传统文化的简单复制或粗糙的艺术加工，而是创意人才在美学理论的框架内，依靠自己的智慧和创造灵感，借助于一切可利用的手段对传统文化资源的再次加工创造，再次拔高升级的过程。文化产业中真正创造巨额价值的部分恰恰就体现在创意完成的成果这一部分。以文化生态位的角度审视绥棱的黑陶产业发展的历史、现状，践行“因地制宜”和“因材施艺”的原则，深入开展调查研究、强化理论的智力支持并普及陶艺文化，是现代陶艺文化产业可持续发展的重要根基。

以绥棱黑陶保护的真实性、产品展示的可视性、生态建设的景观性、产业项目的文化性、文化产品的公益性、产业发展的关联性、融资渠道的多元性、城乡发展的统一性和经济增长的明显性为要求，以展示和体验遗产内涵为主题，以多元主体和谐参与为保障，不仅可有效保护绥棱黑陶文化产业，而且更能凸显出非物质文化遗产的人文精神和人文价值。

以前，对绥棱黑陶的田野调查实践主要以对收集到的实物进行量化分析的方式为主，这种调查方式的优势是得到的数据结果客观准确，有助于学者进行科学研究，劣势是难以把握绥棱黑陶的人文内涵和艺术格调。深入情境体验式的研究态度，则有益于对绥棱黑陶生态化保护工作的全面把握。直接把自己的设计变成具象的黑陶作品，这种体验式研究可以定点跟踪调查和周期调查的形式开展，对相关调查人员进行专业培训。只有融入绥棱黑陶的文化生态环境，对其内在的文化特征、意义和价值才能有更为深刻的领悟与陈述。如此得到的田野作业资料和考察报告，可作为绥棱黑陶的静态的特征和价值以及动态的发展变迁有力的佐证，对人文学术研究的创新也具有重要意义。

参 考 文 献

曹艳朋，2009．陶寺文化研究［D］．郑州：郑州大学．

陈国亮，2011．陶瓷艺术发展面面观［J］．景德镇陶瓷（3）：186-187．

陈杰，孟庆勇，2006．汉代陶艺的审美观［J］．中国陶瓷，42（11）：49-51．

陈瑾，2012．生态位视角下文化产业集群发展构想——以江西省为例［J］．南昌大学学报（人文社会科学版）（6）：57-62．

陈愚，2005．文化生态与中国传统档案文化［D］．成都：四川大学．

陈永春，2005．浅谈陶瓷艺术作品的艺术性和商品性［J］．景德镇陶瓷（12）：13-15．

崔明昆，2012．文化生态学的理论方法与研究［J］．云南师范大学学报（哲学社会科学版），44（5）：58-64．

鄂玉梅，李方海，2012．大庆油陶的产生与发展前瞻［J］．大庆师范学院学报（1）：109-111．

冯义雄，2011．基于生存环境演变的良渚文化信息图谱［D］．金华：浙江师范大学．

高文智，王凯宏，关雪仑，2012．黑龙江地方文化产业绥棱土陶“姓氏”归属研究［J］．绥化学院学报（6）：10-12．

连佳，2014．文化概念中的地域因素研究［J］．求索（1）：175-178．

梁江，2000．中国美术鉴藏史纲［D］．北京：中国艺术研究院．

李彬昕，2014．云南镇沅黑古陶产品研究［D］．昆明：昆明理工大学．

李家治，1978．我国古代陶器和瓷器工艺发展过程的研究［J］．考古（3）：179-188．

刘冠峰，2007．中国古代造型艺术具像特征流变的思考［D］．西安：西安建筑科技大学．

刘家弟，1998．绥棱黑陶回顾［J］．装饰（6）：54-56．

骆文亮，2012．中国陶瓷文化史［M］．北京：中央编译出版社．

吕慧敏，2015．文化安全视野下非物质文化遗产的保护与传承［J］．广州大学学报（社会科学版），166（10）：47-52．

马清林，苏伯民，胡之德，等，2004．甘肃秦安大地湾遗址出土陶器成分分析［J］．考古（2）：88-95．

贺夏，2007．技术与艺术并重［D］．西安：西安美术学院．

侯立平，王凯宏，王国武，2013．地方高校在“非遗”抢救、保护、传承中的作用——以绥棱现代黑陶为例［J］．美术大观（5）：152．

康瀚予，2013．文明史视野中的大汶口文化陶文研究［D］．烟台：烟台大学．

漆竞舟，2007．公共环境中的现代陶艺研究［D］．株洲：湖南工业大学．

邵建秋，2006．后现代艺术思潮对现代陶瓷艺术的影响［J］．景德镇陶瓷（1）：35．

沈海泳，王珊珊，2011．陶瓷艺术在城市景观设计中的应用［J］．陶瓷科学与艺术（8）：22-24．

苏兆起，2014．日照传统黑陶技法及行业发展［J］．陶瓷科学与艺术（10）：10-12．

孙莹，2015．绥棱黑陶艺术在地方高校教育中的传承与发扬［J］．大众文艺（5）：220．

孙周秦，宋进喜，2008. 从大地湾遗址看中华文明的起源［J］. 天水师范学院学报（4）：13-17.
王成玲，李建云，2016. 鲁东南地区新石器遗址的时空分布特征［J］. 临沂大学学报（6）：94-98.
王东，杨巍，2009. 寒地黑土核心区（绥化市）文化产业发展研究［J］. 吉首大学学报（社会科学版）（6）：132-136.
王方，2011. 开放式创新对中国的挑战和应对［D］. 青岛：山东科技大学.
王国武，刘畅，2009. 绥棱黑陶热销中的冷思考［J］. 绥化学院学报，29（1）：14-15.
王劲，2010. 屈家岭文化溯源辨［J］. 江汉考古（4）：63-75.
王凯宏，2012. 中国现代土陶发祥地——绥棱彩陶的成因、特点及艺术价值［J］. 美术观察（9）：15.
王凯宏，王铁军，2014. 走向审美与聚焦生态：中国现代陶艺的发展轨迹［J］. 学术交流（12）：216-220.
王丽萍，2009. 试论滇藏茶马古道文化遗产廊道的构建［J］. 贵州民族研究（4）：61-65.
王立言，赵亚东，王佳，宋伟，2012. 黑龙江非遗“地图”［J］. 黑龙江画报（10）：25.
王立秋，2009. 漫谈黑陶艺术［J］. 美术大观（6）：8.
王小军，2003. 土与火的艺术——秦源黑陶［J］. 新材料新装饰（4）：38-41.
王心喜，2009. 一部解析良渚文化的最新力作——读刘恒武著《良渚文化综合研究》［J］. 宁波大学学报（人文科学版），22（3）：144.
吴冰，2009. 中国的黑陶艺术［J］. 今日中国（中文版）.（6）：64-67.
吴昊宇，2007. 现代陶艺随想［J］. 中国陶艺家（2）：15.
吴汝祚. 1993. 大溪文化综论［J］. 江汉考古（2）：34-41.
徐昭峰，2006. 新石器时代早期与农业起源有关的考古学问题［J］. 农业考古，1（1）：14.
许艳艳，2008. 景德镇陶瓷文化资源的资本化研究［D］. 景德镇：景德镇陶瓷学院.
许永杰，李陈奇，刘晓东，2003. 黑龙江考古的世纪思考［J］. 考古（2）：3-10.
杨艳丽，2011. 旅游业与非遗文化产业融合研究——以寒地黑土核心区绥化市为例［J］. 安徽农业科学（11）：20.
杨永善，1980. 黑龙江省原始陶器的造型与装饰［J］. 装饰（12）：26.
杨永善，2009. 风格独特的绥棱陶器［J］. 绥化学院学报（2）：15.
叶启晓，2004. 黑龙江省旧石器时代文化遗存研究［J］. 边疆考古研究（5）：15.
易湘信，2012. 现代陶瓷艺术创作研究［D］. 长沙：湖南师范大学.
尹伊君，2008. 民间泥土艺术［J］. 黑龙江科技信息（12）：15.
喻斐，2007. 论建筑环境中陶瓷壁画的运用与发展［D］. 苏州：苏州大学.
张国硕，2010. 陶寺文化性质与族属探索［J］. 考古（06）：25.
张景辉，2006. 站在现代与后现代的门槛上——对中国现当代陶艺的文化反思［J］. 南京艺术学院学报（美术与设计版）（7）：30.
张润鹏，2008. 文化生态学研究范式在法学领域的应用［D］. 湘潭：湘潭大学.
张微微，2008. 论陶瓷材料对当代艺术的介入［D］. 景德镇：景德镇陶瓷学院.
仲崇粉，2010. 环境景观设计中现代陶艺的艺术特性与运用［D］. 南京：南京林业大学.
周全，佟丽娟，2014. 培育和打造龙江文化品牌研究——以绥棱黑陶为例［J］. 黑河学院学报（2）：25.